日本の事件

JIKEN

« Ces histoires sont tirées de faits réels.
Toutefois, pour les besoins de la narration, certains passages ont pu faire l'objet d'une adaptation et ne sauraient refléter l'exacte réalité historique. »

118, avenue Achille-Peretti – CS 70024
92521 Neuilly-sur-Seine Cedex

LOUIS-SAN

JIKEN

日本の事件

ILLUSTRÉ PAR

NOGI SAN

Michel LAFON

SOMMAIRE

Sada Abe, geisha tueuse

P. 43

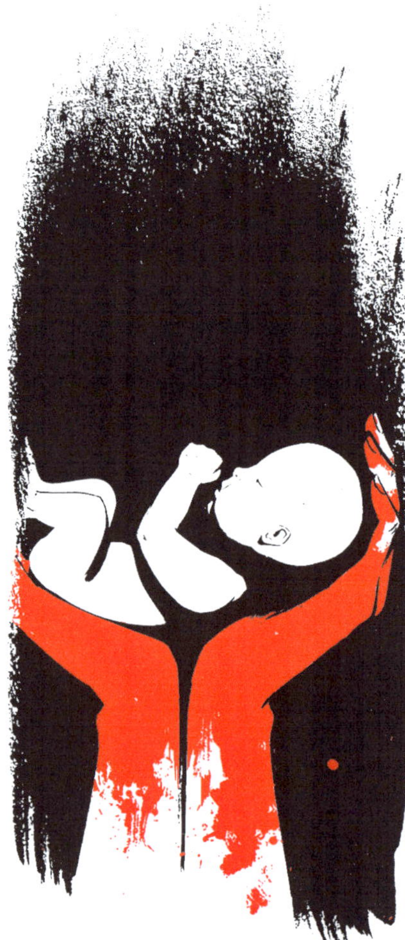

Miyuki Ishikawa, la sage-femme criminelle

P. 59

Seito Sakakibara,
l'enfant tueur

P. 77

Katō Tomohiro,
le massacre
d'Akihabara

P. 93

Masumi Hayashi, l'empoisonneuse au curry

P. 129

Junko Furuta, l'étudiante suppliciée

P. 109

Masahiko Takahashi
Le « Jack l'Éventreur » japonais

P. 143

Chikako Ishikawa, la professeure disparue

P. 161

JIKEN

日本の事件

Shōkō Asahara, le gourou de la secte Aum

Lundi 20 mars 1995, 8h

Dans le métro, sur la ligne Chiyoda qui relie la banlieue au centre de Tokyo, c'est l'heure de pointe. Comme tous les matins, Miharu s'engouffre dans le métro pour rejoindre son travail, et se place naturellement dans la file bien ordonnée des salarymans déjà présents sur le quai. Quelques minutes plus tard, le métro arrive, les portes s'ouvrent, et les passagers descendent sans bousculade selon une mécanique bien huilée. Puis, un à un, les cadres en costume se tassent dans le monstre de fer et Miharu leur emboîte le pas. Le métro redémarre et, après quelques stations, le wagon se vide un peu. Par chance Miharu aperçoit une place assise qu'elle s'empresse de prendre. Elle peut maintenant se détendre. Miharu inspire alors profondément, mais une odeur extrêmement désagréable envahit ses narines. Miharu ne le sait pas encore, mais elle va se retrouver au cœur de l'une des attaques terroristes les plus meurtrières de l'histoire du Japon…

Pour comprendre ce qui est arrivé à Miharu et à beaucoup d'autres en ce jour resté tristement célèbre dans la mémoire japonaise, je vais vous raconter l'histoire de la secte Aum. Mais avant cela, je dois vous dire quelques mots du contexte religieux au Japon. Les religions principales sont le shintoïsme et le bouddhisme. Dans le shintoïsme, on vénère les kamis qui sont des esprits qui vivent tout autour de nous, il y en aurait une infinité. Ce qui est intéressant, c'est que le shintoïsme est un regroupement de croyances indigènes. Sa pratique est donc intimement rattachée à la tradition japonaise et il n'existe pas de doctrine, verset ou code. On pourrait rapprocher cela de la mythologie grecque où chaque dieu est associé à un aspect du monde qui nous entoure : Artémis pour la chasse, Athéna pour la guerre, Poséidon pour la mer, etc. Le bouddhisme japonais, lui, trouve principalement ses origines en Chine, où l'on vénère Bouddha. Au Japon, ces deux religions ont fusionné, c'est ce qu'on appelle le syncrétisme religieux, shinbutsu shūgō, qui a permis d'harmoniser la foi des Japonais. Un dicton résume d'ailleurs bien le point de vue des Japonais sur leurs religions : « Les Japonais naissent shintos, se marient à l'Église et meurent bouddhistes. » Non qu'ils changent de religion au cours de leur vie, mais ils n'y attachent pas un caractère exclusif.

Au Japon, la liberté de culte est totale. Par conséquent, tout mouvement religieux peut librement exercer sa foi. Le problème, c'est que cela signifie que la petite secte du coin a les mêmes droits légaux que la religion shinto qui existe depuis plus d'un millénaire. Sans compter que les organismes religieux bénéficient de certains avantages de la part de l'État tels que la défiscalisation des dons. Une manne financière qu'il leur arrive d'utiliser pour corrompre des politiques au point de former une véritable « brèche religieuse » dans la société japonaise, et c'est dans cette brèche que va s'engouffrer un homme : Chizuo Matsumoto.

LES FAITS

Matsumoto Chizuo est le septième enfant d'une famille modeste de tresseurs de tatami sur l'île de Kyūshū. Il naît le 2 mars 1955 presque aveugle, atteint par la maladie de Minamata. Dans les années 1950, les usines chimiques aux alentours déversent leurs rejets de mercure dans la mer qui, ingérés par des poissons, eux-mêmes ingérés par des êtres humains, provoquent chez les nouveau-nés des pathologies telles que la paralysie ou la cécité. Matsumoto est alors élevé dans une école pour non-voyants. Élément perturbateur qui se comporte en véritable tyran avec ses camarades, il va, en grandissant, jusqu'à menacer de mort ses professeurs et projeter de mettre le feu à l'établissement pour, je cite, « faire de la lumière et produire de la chaleur ». Cette violence et ce désir de domination trouvent leurs racines dans une profonde tristesse et une immense frustration nées d'un sentiment d'abandon. Pendant ses longues années passées à l'école, il ne reçoit pas une seule fois la visite de ses parents…

En 1977, Matsumoto échoue à entrer dans la prestigieuse université de Tokyo. Il se concentre alors sur des disciplines telles que la médecine chinoise ou l'acupuncture. C'est comme ça qu'en 1984 il ouvre sa première école de yoga dans un des plus grands centres commerciaux de Tokyo. Les enseignements sont destinés au bien-être avec des techniques de méditation allant jusqu'à une religion du corps. C'est là que tout dérape... Matsumoto Chizuo se rend compte que si dominer les autres par la force est possible, le faire avec une bienveillance de façade est beaucoup plus efficace. Trois ans après l'ouverture de l'école de yoga, la secte Aum Shinrikyō, dite secte Aum ou Vérité suprême d'Aum, est officiellement formée.

Désormais, s'il veut incarner la figure du sauveur aux yeux de ses fidèles, Matsumoto doit couper tous les liens qui le relient à sa vie d'avant. Il se rebaptise donc Shōkō Asahara. D'apparence très calme, il se targue d'un esprit logique et est toujours vêtu d'une tenue unique mauve. Ses fidèles le reconnaissent en tant que leader charismatique et n'hésitent pas à lui faire don de tout ce qu'ils possèdent. Mais cela ne suffit pas à Shōkō Asahara qui souhaite occuper le terrain politique. Il lui faut donc promouvoir sa secte et son parti, et pour cela rien de plus simple. Dans les quartiers les plus fréquentés de la capitale, des fidèles, juchés sur des bus avec des mégaphones, crient en boucle leurs slogans :

« オウム真理教に参加しよう！麻原彰晃だけが俺たちの人生を救えるのだ！»

(Adhérez au parti de la secte Aum ! Seul Shōkō Asahara pourra nous sauver tous !)

Ils clament que l'apocalypse s'abattra bientôt sur le Japon et que seul Shōkō Asahara pourra remporter la lutte cosmique qui s'ensuivra, établissant ainsi un nouvel âge spirituel. Ce dernier se vante même d'avoir reçu une épée des divinités légendaires du Japon pour mener l'armée des Dieux !

La stratégie s'avère peu efficace et l'entrée en politique de la secte est un échec cuisant. Le gourou comprend que, s'il veut que la population vienne à lui, il ne doit pas l'effrayer, mais au contraire la rassurer. Son nouveau visage séduit, tant et si bien que le Dalaï-lama en personne adoube Shōkō Asahara, ce qui lui vaut une célébrité médiatique aussi soudaine que démesurée. Shōkō Asahara enchaîne les plateaux télé où son charisme envoûte les téléspectateurs. Il va même jusqu'à diffuser des spots publicitaires vantant les mérites de sa secte ! Le nombre de ses fidèles est en augmentation constante. Mais ne vous y trompez pas, sous le vernis des apparences, on retrouve tous les travers d'une secte. Dans tout le Japon, des adeptes, séquestrés dans des bâtiments, travaillent pour lui. On les prive parfois de nourriture ou de sommeil, quand ils ne sont pas battus pour avoir enfreint les règles. Sans surprise, le leader suprême se réserve les faveurs sexuelles des membres du sexe féminin, car lui seul a le droit de propager la vie. Quiconque met en doute sa parole en paye le prix fort. Prenez Shuji, un adepte ayant voulu quitter la secte : il est discrètement assassiné le 10 février 1989. Ou bien encore cette famille d'adeptes qui s'interrogeait sur les origines divines de Shōkō Asahara : assassinés également, leurs corps plongés dans l'acide.

Le profil des fidèles ? Shōkō Asahara exploite la frustration des personnes qui ont été mises de côté par la société – les jeunes sans emploi, par exemple – mais pas seulement. On trouve également parmi eux des médecins, des avocats, des scientifiques en quête de sens. Bientôt, la secte compte 10 000 membres au Japon ! Shōkō Asahara s'entoure d'une garde rapprochée constituée de sujets qui lui sont dévoués, corps et âme, et toute une hiérarchie se forme au sein de la secte. La machine est lancée et rien ne semble pouvoir l'arrêter…

***

Mais revenons au 20 mars 1995. Ce matin-là, cinq individus portant des masques chirurgicaux et partis chacun d'une station différente convergent vers Kasumigaseki, le quartier où réside le gouvernement japonais. Arrivés à destination, ils déposent discrètement un sac plastique par terre qu'ils percent avant de descendre à l'arrêt suivant. Dans la rame

de Miharu, les gens qui l'entourent commencent à tousser. À peine se couvre-t-elle le visage pour se protéger des miasmes de ses voisins, qu'elle se met à tousser à son tour. Très vite, elle comprend que quelque chose ne tourne pas rond. Les passagers semblent ressentir une douleur intense dans la poitrine. Emprisonnés dans ce monstre de fer, ils crachent leurs poumons pour essayer de faire sortir ce mal soudain, mais en vain.

8h10

Le métro s'arrête à la station Kasumigaseki. C'est la panique, Miharu est emportée par la foule qui tente de fuir l'air toxique qui emplit le wagon. Sur le quai, certains tombent, d'autres appellent à l'aide. Très vite, l'alarme se met en marche et la station est évacuée, mais il est déjà trop tard ! Miharu titube, la fumée se répand très vite et bientôt elle ne voit plus à un mètre devant elle.

– 逃げろっちゅっても、出口が見つからん...
(On nous demande d'évacuer, mais ça sert à quoi si on n'arrive même pas à trouver la sortie...)

Après plusieurs minutes, Miharu parvient à remonter à la surface et pense être sortie d'affaire. Elle découvre une scène de cauchemar : des corps allongés à même le sol, un agent à quelques pas qui tente de mettre une cuillère dans la bouche d'une victime pour qu'elle n'avale pas sa langue à cause des convulsions, des enfants qui pleurent, des femmes et des hommes qui n'arrivent plus à respirer. Le personnel de la gare est impuissant face au désastre. Le spectacle est surréaliste. Sur le trottoir d'en face, des salarymans filent au travail sans un regard pour ces dizaines de Japonais à l'agonie.

Soudain, une sirène d'ambulance se fait entendre au loin, elle se rapproche. Hélas, Miharu voit le véhicule passer devant son groupe et s'éloigner : on les attend ailleurs. Sur la ligne Marunouchi et la ligne Hibiya, le même scénario est en train de se dérouler. Le désespoir s'empare de Miharu, elle jette un regard vers la bouche de métro et pense à ceux qui sont encore prisonniers de cet environnement toxique.

Sous terre, un groupe d'agents téméraires tentent de nettoyer la voiture contaminée. D'un sac suspect s'égoutte un liquide d'où semble provenir l'odeur. À main nue, ils épongent la flaque qui s'est formée et l'un d'entre eux tente de déplacer le sac responsable de la catastrophe. Il meurt asphyxié par le gaz mystérieux qu'il contient.

Quelques heures plus tard, policiers, pompiers, médecins et journalistes affluent de partout dans la capitale. Les images sont retransmises dans le monde entier. 300 enquêteurs sont dépêchés sur place et l'hypothèse criminelle est immédiatement retenue. La capitale nipponne est victime d'une attaque terroriste sans précédent. En libérant du gaz à l'heure de pointe, sur des lignes à forte affluence, les terroristes cherchaient à faire un maximum de victimes.

Après analyses, les scientifiques parviennent à déterminer la nature de ce gaz. Il s'agit du sarin, un gaz neurotoxique. Pour vous donner une idée de sa toxicité, sous forme liquide il est 26 fois plus dangereux que le cyanure, et une goutte sur la peau suffit à elle seule à tuer un adulte. Sous sa forme gazeuse, il provoque des maux de tête et de graves troubles respiratoires pouvant aller jusqu'à la paralysie, ou la mort. Si le bilan final s'élève « seulement » à 13 morts et 6 300 blessés, c'est que le produit utilisé était de mauvaise qualité car très difficile à synthétiser.

Mais comment la secte Aum a-t-elle pu créer du gaz sarin ? Et dans quel but cette attaque coordonnée a-t-elle été planifiée ? Pour le comprendre, il faut remonter quelques années en arrière, en 1990.

Shōkō Asahara, le gourou de la secte Aum

***

Dans les années 1990, Shōkō Asahara a une obsession : convertir toujours plus de fidèles. Or, l'apocalypse qu'il annonce depuis maintenant six ans se fait toujours attendre… Il a alors une révélation : si l'apocalypse ne vient pas, il n'a qu'à la créer lui-même ! Pris de panique, les gens se bousculeront pour rentrer dans sa secte ! Un de ses adeptes, scientifique de haut niveau, lui parle alors du gaz sarin. Le chercheur met en garde Shōkō Asahara sur la difficulté à synthétiser le produit, mais qu'importe : Shōkō commence à acheter des propriétés dans tout le Japon pour développer ses armes biologiques. Les premiers essais sont infructueux, mais la secte a les moyens de financer ses recherches et, en 1994, ils parviennent à élaborer leur premier échantillon viable. L'heure est venue de tester leur nouvelle arme en situation réelle…

JUIN 1994

C'est à Matsumoto, petite ville de 240 000 habitants dans la préfecture de Nagano, que la secte Aum va mener sa première attaque à l'arme chimique. Sept personnes innocentes perdent la vie ce jour-là, et aucune enquête digne de ce nom n'est ouverte. Pourquoi, me demanderez-vous ? C'est l'un des effets visibles de la corruption que j'évoquais au début de mon récit. Un accord a été conclu entre la secte et le parti libéral démocrate de la ville de Matsumoto. En échange de fonds, l'enquête autour du « petit incident » est enterrée, et ce malgré l'accumulation de plaintes et de suspicions autour de la secte. Interrogée sur son laxisme, la police se défend en prétextant protéger les institutions religieuses des ingérences de l'État. La menace était bel et bien là, mais elle a été volontairement ignorée. C'est ce premier attentat qui a permis celui du 20 mars 1995 à Tokyo, et l'impact de ce dernier est dévastateur dans l'esprit des Japonais. Désormais, plus aucun pot-de-vin ne pourra protéger la secte Aum.

CHASSE À L'HOMME

22 mars 1995, 5 h du matin

2 500 policiers lourdement équipés se préparent : masques à gaz, gilets pare-balles, casques de protection. L'ambiance est pesante et le silence règne dans les rangs. Les forces de police s'apprêtent à prendre d'assaut Kamikuishiki, le village qui sert de siège principal à la secte Aum, et ils craignent le pire. Peu de temps auparavant, ils ont eu la confirmation que la secte Aum Shinrikyō a en sa possession divers gaz toxiques et même des armes.

5h30 : l'assaut est donné. Les policiers s'engouffrent dans le village et vident un à un les bâtiments de la secte. Ils découvrent une cinquantaine d'individus déshydratés et en mauvaise santé. Les interpellations sont violentes, mais les fidèles se défendent et accusent les forces de l'ordre :

– 警察がガスを撒いたんだ！俺たちじゃない！

(C'est la police qui a répandu le sarin ! Ce n'est pas nous !)

La police saisit également de quoi produire du sarin en quantité industrielle. On estime à environ 5 tonnes les quantités de sarin qui auraient pu être produites de quoi tuer 5 millions de personnes. Mais la perquisition ne s'arrête pas là, on trouve de l'argent, de l'or, et des documents révélant les biens cachés de la secte. La secte Aum possède des restaurants, des centres de bien-être, des supermarchés et même un hôpital. Tout est saisi mais Shōkō Asahara, lui, est introuvable…

23 mars 1995

– 地下鉄サリン事件俺はこれとの関わりはありません。

(Je n'ai rien à voir avec l'attentat au gaz sarin.)

À la surprise générale, le leader de la secte Aum réapparaît dès le lendemain de la perquisition à la télé. Pas en direct bien entendu, mais il tient à rassurer ses fidèles et à clamer haut et fort son innocence.

– 見つかった製品は陶器や肥料の製造に使用されました。

(Les produits retrouvés à la secte servaient à faire de la poterie et de l'engrais.)

Quel culot… Cette fois-ci, son calme et son charisme ne le sauveront pas. Les 120 lieux de culte de la secte de Shōkō Asahara sont perquisitionnés. La police y retrouve des fidèles drogués, des corps calcinés, des hommes rendus fous, des enfants, mais surtout des preuves scientifiques qui accablent Shōkō Asahara. Les composés chimiques saisis dans le village sont les mêmes que ceux prélevés dans le métro de Tokyo. Un à un, les membres importants de la secte sont arrêtés ; pas moins de 200 disciples finissent derrière les barreaux. Mais où se cache Shôko Asahara ?

Les rumeurs les plus folles se mettent à circuler. Le gourou préparerait sa vengeance et son prochain attentat serait encore plus terrible que celui du métro de Tokyo ! Pour la police, une course contre la montre s'engage afin d'éviter que la psychose se répande. Malheureusement, dans les jours qui suivent, le chef de la police de Tokyo est attaqué, et un avion en direction d'Hokkaidō est pris en otage par un pirate de l'air. Autant d'événements revendiqués par la secte Aum. L'horreur semble ne plus vouloir s'arrêter et les Japonais, d'ordinaires loués pour leur sérénité, cèdent à la panique. Ce n'est pas seulement Tokyo qui est attaquée, mais bien tout le Japon qui semble pris dans les griffes de Shōkō Asahara.

16 mai 1995

Près de deux mois après l'attaque du métro de Tokyo, toujours aucune trace de Shōkō Asahara. C'est une véritable humiliation pour le gouvernement japonais. Heureusement, les allers et retours incessants de fidèles apportant des provisions dans le village Kamikuishiki vont fournir un précieux indice aux autorités. Shōkō Asahara se cacherait-t-il au siège de la secte depuis le début ? Mais où ? Ils ont pourtant cherché partout… Ils sont même allés jusqu'à abattre des murs ! 600 policiers retournent sur place et, pendant quatre heures, ils passent le village au peigne fin. Sans succès… Jusqu'à ce qu'un officier remarque que l'épaisseur entre le premier et le deuxième étage ne correspond pas aux plans. Les policiers décident alors d'abattre les murs. Ils découvrent une pièce secrète, à l'intérieur de laquelle ils aperçoivent une masse mouvante colorée. C'est lui ! Ils ont enfin retrouvé Shōkō Asahara ! Le gourou se rend sans résister, se contentant de prononcer ces quelques mots :

– 私の様な視覚障害者はどうやってその様な事件を起こせるのだ？

(Comment un aveugle comme moi pourrait-il organiser un acte pareil ?)

Qui pourrait encore le croire, avec toutes ces preuves accumulées contre lui ? Désormais, c'est à la justice de trancher, sous le regard attentif du pays tout entier.

JUGEMENT
25 avril 1996

Asahara comparaît pour la première fois devant la justice. C'est le procès du siècle au Japon. 12 000 personnes se sont massés aux abords du Tribunal de Tokyo dans l'espoir d'obtenir une des 48 places réservées au public. Tout au long d'un procès qui va durer plus de sept ans, des familles se déchirent, des experts s'affrontent à la barre, tandis que les victimes et les proches des victimes réclament justice.

Asahara clame son innocence, prétextant la folie quand il ne se prétend pas sourd et muet. Il va même jusqu'à se poser en victime, mais rien n'y fait. La comédie a assez duré. Sans surprise, il est condamné à mort, sans possibilité d'appel.

Cette affaire a révélé les failles profondes de la société japonaise. Ce n'est pas seulement une jeunesse désabusée qui a rejoint les rangs de la secte Aum, mais aussi des personnes diplômées, victimes d'une solitude extrême. Ces gens qui, en l'absence d'entourage et de repère, sont les plus

Asahara est resté quatorze ans dans le couloir de la mort, avant d'être pendu le 6 juillet 2018. Ses cendres, qui devaient être dispersées en mer, reposent, grâce à l'intervention d'une de ses filles, dans un temple pour que les fidèles puissent lui rendre hommage et prier. Oui, vous ne rêvez pas, la secte Aum – rebaptisée « Aleph » – existe toujours ! Elle compte 1 600 membres et elle est loin d'être la seule. Aujourd'hui, au Japon, il existe environ 160 000 sectes, toujours protégées par la loi, et chaque année de nouveaux adeptes tombent sous leur emprise. Le Japon a-t-il réellement tiré les leçons de cet attentat ?

Issei Sagawa, le cannibale

Nous sommes le 13 juin 1981, à Paris, et il est environ 20 heures. Le soleil n'est pas encore couché et un Japonais chétif aux cheveux ébouriffés se trouve à l'arrière d'un taxi. On dirait qu'il n'a pas dormi depuis deux jours. Dans la voiture, le silence règne, on entend juste le bruit de deux lourdes valises qui s'entrechoquent dans le coffre. Avec de tels bagages, le chauffeur pensait conduire son client à l'aéroport ou dans une gare, mais rien de tout cela. L'homme souhaite qu'on le dépose dans le bois de Boulogne.

Une fois arrivés, les deux hommes sortent du véhicule. Le chauffeur ouvre le coffre, se saisit – non sans mal – des deux lourds bagages et les dépose l'un à côté de l'autre aux pieds de son client. « Vous allez où avec ça ? », lui demande-t-il. Aucune réponse. Sans un mot, le Japonais se dirige vers le bois en traînant derrière lui ses deux grosses valises. Après quelques dizaines de mètres, il est déjà à bout de souffle. Autour de lui, les passants sont intrigués par la situation. L'homme rentre alors la tête dans les épaules, poursuit sa route puis s'arrête. L'air visiblement agacé, il jette un regard alentour, et repart. Une attitude plus que suspecte, qui va attirer

l'attention d'un homme et d'une femme qui se trouvent à une dizaine de mètres et qui remarquent qu'une espèce de liquide s'écoule des valises. Le couple s'approche tandis que le Japonais, épuisé, les dépose au bord d'un lac. « C'est à vous ? », lance la femme en pointant les bagages du doigt. Le Japonais se retourne, surpris. La panique se lit sur son visage, sans réfléchir, il secoue la tête pour dire non. Erreur. S'il avait répondu par l'affirmative, ces deux personnes auraient peut-être passé leur chemin, mais voilà que l'homme se penche pour ouvrir la première valise. Ce qu'il y découvre lui soulève le cœur : un corps humain découpé, enroulé dans une couverture imbibée de sang. Le rythme cardiaque du Japonais s'emballe. Il lève les mains un instant pour signifier qu'il n'est pas responsable.

« **C'est un meurtrier !** », crie l'homme à sa femme. Le Japonais s'enfuit en abandonnant ses bagages, sous le regard médusé du couple qui se garde bien de le poursuivre. Qui sait de quoi un tel homme est capable ? Quelques dizaines de minutes plus tard, la police arrive sur les lieux. Elle a été alertée par le couple, qui n'a pas eu le courage d'ouvrir la seconde valise. L'officier la renverse, pose ses mains sur la fermeture Éclair, et à peine l'a-t-il entrouverte qu'une odeur pestilentielle lui emplit les narines. Ce sont là encore les restes d'un cadavre que l'on a découpé en morceaux.

LES FAITS

Est-ce qu'avoir un bon carnet d'adresses et un compte en banque bien garni peut vous sauver de n'importe quelle situation ? En toute logique, non, mais dans cette affaire la question se pose… L'homme dont je vais vous parler a commis un crime d'une rare atrocité, et pourtant, disons les choses comme elles sont, il s'en est très très bien sorti. Voici l'histoire d'Issei Sagawa.

26 avril 1949

Issei Sagakawa naît prématurément dans un hôpital de Kobe. Nul ne saurait dire pourquoi cet enfant est arrivé si tôt, alors que son jumeau ne viendra au monde qu'un mois plus tard. Ce qui est sûr, c'est qu'il est petit, si petit qu'il tient dans la paume de la main de son père, et cette nature chétive ne le quittera pas en grandissant.

***

Avez-vous déjà remarqué que les contes pour enfants sont souvent d'une violence inouïe ? L'un d'entre eux va marquer le jeune Issei : l'histoire d'une sorcière cannibale, que son oncle lui raconte souvent. Il va même jusqu'à se déguiser en sorcière et s'amuse à poursuivre le jeune Issei qui s'enfuit en rigolant. Quel mal y a-t-il à cela ? Le problème c'est que dans l'esprit de cet enfant où la frontière entre le bien et le mal n'est pas encore établie, commencent à naître des pensées et un goût malsain pour le cannibalisme. Ceux-ci se manifestent dans son inconscient, dans ses rêves, ou plutôt devrais-je dire dans ses cauchemars.

Plusieurs fois par semaine, Issei se réveille en pleine nuit, en sueur. Chaque fois, il rêve que la sorcière cannibale finit par le rattraper. Tout cela semble si réel ! Aussi le matin, à l'école, en voyant ses camarades, une idée lui vient : « Pourquoi la méchante sorcière veut-elle manger des enfants ? Ça a bon goût ? Pourquoi je n'essaierais pas ? » Il n'est pas normal pour un enfant de six ans d'avoir ce genre de pensées, mais ce n'est pas la seule chose étrange chez lui. Au même âge, Issei Sagawa développe une passion pour les peaux blanches. Il faut savoir qu'au Japon avoir une peau blanche était autrefois le signe distinctif d'une classe sociale aisée, par opposition aux paysans qui, exposés toute la journée au soleil, avaient un teint plus hâlé. Encore aujourd'hui, la blancheur de peau est un critère de beauté féminin.

À l'adolescence, Issei prend conscience de son corps. Lorsqu'il se regarde dans un miroir, il ne ressent que du dégoût. Son reflet le répugne : il n'a ni les bons traits, ni cette peau blanche si belle à ses yeux. Il manque de confiance en lui, et cela ne va pas aller en s'améliorant. Ses pensées cannibales ne l'ont pas non plus quitté. Au contraire, elles prennent de plus de plus de place dans son esprit, jusqu'à l'obsession, si bien qu'au sortir du lycée il n'a plus qu'une idée en tête : dévorer de belles femmes, mais attention, pas n'importe lesquelles ! Issei s'intéresse de plus en plus aux Européennes à la peau blanche. Elles ont tout ce que la nature lui a refusé : une grande taille, un nez plus pointu, un visage moins plat, de grands yeux. Son obsession pour les femmes est intimement liée à la répulsion que lui inspire son physique, et ce complexe ne peut selon lui se résoudre que dans le cannibalisme.

Nous sommes en 1972, et Issei a désormais vingt-trois ans. Depuis plusieurs minutes il suit de près une jeune femme dans la rue. Il ne la connaît pas, il vient tout juste de la croiser, mais il a eu le coup de foudre.

Cette étudiante allemande est grande, élancée, élégante et, bien sûr, elle a la peau blanche. Instantanément, ses désirs malsains remontent à la surface et, n'écoutant que ses pulsions, il attend d'être dans une ruelle à l'écart pour l'attaquer. La jeune femme se défend et prend rapidement le dessus sur son frêle agresseur. Issei Sagawa pèse alors 35 kilos pour 1,52 mètre, pas vraiment ce que l'on pourrait appeler un gros gabarit… L'étudiante s'enfuit et prévient la police, qui ne mettra pas longtemps à retrouver l'agresseur. Issei est arrêté pour tentative de viol. Il proteste, mais les policiers ne le croient pas. Ce qu'ils ignorent, c'est qu'Issei dit vrai. Il n'avait aucune intention de la violer. Il souhaitait « juste » la tuer pour goûter à sa chair… Quoi qu'il en soit, voilà Issei coincé au poste de police. Entre alors en scène Akira Sagawa, le père d'Issei, président d'une grosse entreprise dont le carnet d'adresses va permettre en quelques coups de fil de faire libérer son fils. Il signe également un chèque pour acheter le silence de la victime et la convaincre d'abandonner les poursuites. Tout semble facile quand on a le réseau et de gros moyens, mais il est possible également que les origines de la victime aient joué en la faveur d'Issei. Au Japon, dans une affaire impliquant un Japonais et un étranger, en l'absence de preuves on privilégiera souvent la version du Japonais...

Issei s'en tire à bon compte, mais il doit passer des examens avec des professionnels pour déterminer s'il a des troubles d'ordre psychologique. Malheureusement pour lui, le verdict est sans appel : il a ce qu'on appelle « un trouble délirant ». Cela signifie qu'il croit en des choses qui n'existent pas comme le fait de penser que manger des belles femmes le rendra beau. Malgré ces conclusions alarmantes, la famille Sagawa parvient à noyer le poisson et le jeune homme poursuit ses études tranquillement.

À l'université d'Osaka, Issei obtient une maîtrise de littérature. Mais cette vieille affaire d'agression que l'on pensait étouffée ressurgit, et avec elle les rumeurs qui enflent et menacent d'entacher la réputation de la famille Sagawa. Akira Sagawa va alors faire d'une pierre deux coups. À la fin des années 70, il envoie Issei étudier la littérature comparée en Europe. Il fait ainsi plaisir à son fils, tout en l'éloignant du Japon. Issei est au comble de la joie. Imaginez donc ! Lui qui voue un culte au physique des femmes européennes, il va vivre dans un pays où il pourra en croiser tous les jours !

1977

Issei Sagawa débarque à Paris à l'âge de vingt-huit ans. Il vit un rêve éveillé : la nourriture, la culture, et surtout les femmes. Chaque jour, c'est un festin visuel. Mais pour lui qui a toujours été couvé par sa mère et protégé par son père, et qui a passé toute sa vie dans la maison de ses parents, ce voyage en Europe est un véritable défi. Appartement, ménage, courses, factures : pour la première fois, Issei est aux commandes de son existence et, contre toute attente, il se débrouille plutôt bien. L'argent de papa n'est jamais bien loin, c'est évident, mais Issei semble s'épanouir dans sa nouvelle vie parisienne. Il est toujours attiré par les femmes européennes, mais ses pulsions cannibales semblent avoir disparu, et il se contente d'inviter de temps en temps des prostituées chez lui.

1981

Cela fait déjà plusieurs années qu'Issei Sagawa étudie à Paris. Il passe la majorité de son temps à l'université Paris-III. Là-bas, il va faire une rencontre qui va changer sa vie. Renée est une très belle jeune Néerlandaise de vingt-quatre ans qui étudie comme lui à la Sorbonne. Ses traits, ses lèvres, ses courbes voluptueuses sont parfaites et, bien sûr, elle a la peau très pâle… Issei rassemble donc son courage pour l'aborder, et ils deviennent plus ou moins amis. Il leur arrive de prendre leurs repas ensemble, mais la jeune femme n'est pas toujours à l'aise. Tout le contraire d'Issei qui, chaque fois qu'il rentre chez lui après leurs pseudo-rendez-vous, s'adonne au plaisir solitaire. Sa passion est dévorante, Renée est si belle ! Ce n'est pas comme les prostituées avec qui il a déjà couché. Là, il veut plus. Ses pulsions cannibales refont surface et se muent en un désir viscéral. Il veut la consommer, au sens propre.

11 juin 1981

Issei a invité Renée chez lui. Il doit enregistrer des poèmes expressionnistes en allemand pour l'université, et comme il n'est pas très doué dans cette langue, il a demandé à Renée de venir l'aider. La jeune femme n'est pas rassurée à l'idée d'aller chez Issei, mais après tout, qu'est-ce qu'un homme aussi chétif pourrait bien lui faire ? À son arrivée, Renée détaille le joli appartement d'Issei. Celui-ci l'invite à s'asseoir à côté de lui, mais la jeune femme préfère s'installer sur une chaise un peu plus loin, et sort immédiatement de son sac un recueil de poèmes de Johannes

Robert Becher. Issei sent bien que Renée veut en finir au plus vite et rentrer chez elle. Il prend donc l'appareil enregistreur et la jeune femme commence à réciter les poèmes. Issei l'écoute attentivement. Est-il fasciné par les œuvres ou par les lèvres en mouvement de la Néerlandaise ?

Soudain, Issei se lève et part chercher quelque chose à la cuisine. Renée continue de lire les vers en allemand. Des vers qui évoquent la mort et la manière dont elle peut venir de manière cruelle et soudaine, tandis qu'à quelques centimètres de sa nuque se trouve désormais le canon d'un 22 long rifle tenu par un petit homme au bord de l'extase, le doigt sur la détente. L'acte était prémédité. Il n'y a jamais eu de devoir. La jeune femme continue de déclamer, Issei s'approche, Renée tourne la page, prend une inspiration, tandis que lui bloque la sienne, elle lit le titre, il tire.

Malgré le silencieux dont il avait précautionneusement équipé son fusil, le coup de feu a retenti dans tout l'appartement. Renée s'effondre sur la table et glisse sur le sol. Elle n'a pas eu le temps de réaliser ce qui lui arrivait. Pour Issei, c'est un soulagement. Après tant de nuits à en rêver, voilà qu'elle est enfin à lui, complètement offerte. L'exaltation, l'excitation, le soulagement et le stress se mêlent dans sa tête et… il s'écroule à son tour, inconscient.

« Pourvu que tout ceci ne soit pas un rêve ! », pense-t-il en se réveillant, mais le corps de Renée est toujours là. Issei est en transe. Il a bien conscience de ce qu'il vient de faire, mais l'émotion est trop forte pour qu'il prenne le temps de réfléchir aux conséquences de son acte. Il pose délicatement la tête du cadavre sur une serviette, et lui ôte ses vêtements. Il n'a jamais été aussi proche de goûter de la chair humaine. Par quel morceau commencer ? Pour Issei, cela ne fait aucun doute, ce sera une fesse, et pas n'importe quelle fesse : la droite, car celle de gauche est plus proche du cœur, donc plus irriguée et, aussi absurde que cela puisse paraître, Issei a peur du sang ! Il mord de toutes ses forces, mais il n'arrive pas à déchirer la peau. Il se saisit d'un couteau classique mais, rien à faire, la peau est trop dure. Issei se rend alors au magasin le plus proche pour acheter un couteau de boucher. Une fois revenu à l'appartement, tout devient plus simple…

Pendant plusieurs heures, Issei Sagawa se livre à toutes sortes d'expériences culinaires. Il prélève 7 kilos de chair humaine, dont les lèvres, le nez, la langue, les bras et même les organes génitaux. Certains seront à son goût, d'autres non. Certains cuits, d'autres non. Le cannibale prend soin de photographier le corps et les morceaux après chaque découpe. Le spectacle est insupportable, l'odeur le devient également. Nous sommes en plein été et le corps attire déjà les mouches. Si Issei n'agit pas rapidement, ses voisins risquent de sentir les émanations putrides du cadavre…

Nous sommes le 13 juin 1981. Issei Sagawa prend enfin conscience de ce qu'il vient de faire, mais il n'éprouve aucun remords. Il doit toutefois se débarrasser du corps au plus vite. Il achète donc deux grosses valises, démembre le corps et dépose les morceaux à l'intérieur. Il ne lui reste plus qu'à abandonner tout cela dans le bois de Boulogne, mais comme je vous l'ai raconté plus haut, tout ne se passe pas comme il l'a prévu. Quatre jours plus tard, le cannibale est arrêté par les autorités françaises. Issei confesse son crime, mais précise que son acte était artistique avant tout. « Si j'avais eu un congélateur, vous ne m'auriez pas retrouvé », ajoute-t-il.

À la suite de son arrestation, Issei est interrogé pendant près d'un an par trois psychiatres, qui concluent à son extrême dangerosité du fait de troubles psychiatriques majeurs. Les experts expliquent que son cannibalisme remonterait à l'enfance, période pendant laquelle sa mère le forçait à manger pour compenser sa maigreur. Il est donc considéré comme irresponsable pénalement, avec cependant l'obligation d'être interné. Il séjourne un an dans l'unité pour malades difficiles de Villejuif, et c'est encore une fois son père, Akira, qui va réussir à le tirer d'affaire.

LE RETOUR AU JAPON

Issei Sagawa est transféré à l'hôpital psychiatrique Matsuzawa, à Tokyo, en 1984. Là-bas, le cannibale passe de nouveau un test d'aptitude. Cette fois-ci, les conclusions divergent de celles des psychiatres français. Les experts japonais déclarent qu'Issei Sagawa est bel et bien responsable de ses actes. Il était pleinement conscient de ce qu'il faisait puisqu'il avait prémédité le meurtre et le cannibalisme. On s'attend alors à un nouveau procès, mais la justice japonaise s'estime impuissante et incompétente dans cette affaire. Selon la réglementation internationale, en raison du non-lieu prononcé en France, Issei Sagawa ne peut être rejugé au Japon, ce malgré l'ajout de nouveaux éléments au dossier. Ainsi, le 13 août 1985, soit quatre ans après le meurtre de la jeune étudiante néerlandaise, Issei Sagawa est libre.

Cette histoire est à n'en pas douter celle qui m'a le plus mis en rage. Ce crime resté impuni, c'est une chose, et c'est déjà assez dérangeant, mais laissez-moi vous raconter la suite...

En 1989, au Japon, un tueur en série s'attaque à des enfants, leur faisant subir les pires supplices. Malgré les nombreux moyens mis en œuvre pour retrouver le meurtrier, impossible de l'appréhender. La police décide alors de combattre le mal par le mal et engage Issei Sagawa comme consultant pour mieux cerner la personnalité du criminel. Issei accepte, et la nouvelle va faire le tour des médias japonais et internationaux. Issei profite alors de cette notoriété soudaine pour en tirer profit. Il apparaît dans des publicités pour une marque de viande, et il est également invité sur des plateaux télé. Il est même contacté par un éditeur de mangas qui lui propose d'adapter son histoire. Ce manga existe. Mais le plus dérangeant, c'est certainement le film X qu'Issei a tourné, reproduisant les événements du 11 juin 1981 dans son appartement parisien.

Ce meurtre et son cannibalisme auront été le fonds de commerce d'Issei Sagawa. Jusqu'à sa mort, le 24 novembre 2022, il aura vécu paisiblement au Japon, ne semblant pas éprouver le moindre remords pour le crime atroce qu'il avait commis.

Sada Abe, geisha tueuse

20 mai 1936

Dans une auberge à Shinagawa. Il est 16 heures, le personnel est en ébullition. Cela fait plusieurs jours qu'une femme est en cavale, et ce matin les autorités ont appelé l'établissement pour prendre des renseignements sur les nouveaux arrivés. Un nom en particulier a retenu leur attention... Elles ont flairé qu'il s'agissait peut-être d'un pseudonyme, aussi ont-elles demandé une description aux hôtesses d'accueil. La jeune femme, la trentaine, s'est présentée en kimono traditionnel japonais, le visage bien découvert. C'est plus qu'il ne leur en faut pour venir sur place vérifier l'identité de la mystérieuse cliente.

Un officier se rend à l'auberge accompagné de trois inspecteurs. Après avoir rassuré le personnel, ils se dirigent vers la chambre de la suspecte. Les policiers frappent à la porte. La femme qui leur ouvre correspond en tout point à la description donnée par les témoins, mais l'officier préfère rester prudent afin de ne pas accuser à tort une innocente. Durant de longues minutes, la suspecte reste silencieuse, le malaise dans la chambre est palpable.

Enfin, elle finit par leur dire :

– そんなにかたくならなくてもいいですよ。阿部定を探してるんですよね ? 私です。私が阿部定です。

(Ne soyez pas si formels. Vous cherchez Sada Abe, n'est-ce pas ? Eh bien, c'est moi. Je suis Sada Abe.)

Malgré ces aveux, les enquêteurs hésitent : étant donné ce que l'on reproche à la personne recherchée, et surtout ce qu'elle risque, pourquoi se dévoilerait-elle aussi facilement ? La femme qui leur fait face a l'air confiante, elle sourit même, et semble s'amuser de la situation.

Alors qu'elle plonge la main dans la ceinture de son kimono, les officiers se saisissent de leur arme. La femme leur adresse un regard doux pour les apaiser et leur tend un objet emballé dans des feuilles de magazine. « Si vous pensez que je ne suis pas Sada Abe, leur lance-t-elle, ouvrez ceci. » Un des policiers s'approche, déchire le papier et découvre… le pénis d'un homme. À cette vue, il éprouve un haut-le-cœur, mais désormais le doute n'est plus permis. Sada Abe se laisse arrêter sans opposer de résistance. Au contraire : sur une photo prise dans l'auberge après son arrestation, elle affiche un sourire non pas machiavélique, mais calme et apaisé, comme si rien n'était arrivé.

Sada Abe va subir huit interrogatoires, non pas du fait de la difficulté des enquêteurs à obtenir les informations dont ils ont besoin, mais plutôt de leur confusion. On lui pose alors directement la question : pourquoi a-t-elle tué son amant, Ishida ? Quelque chose change dans le regard de Sada au moment où l'officier prononce ces mots. Elle semble… tout excitée, et une lueur s'allume dans ses yeux. Peut-être s'est-elle souvenue de la manière dont elle a tué Ishida et que cela lui procure du plaisir ? L'officier répète alors la question et, cette fois, il exige une réponse claire. Sada s'exprime enfin :

– とても愛していました。私だけのものにしたかったです。

(Je l'aimais tellement, je le voulais pour moi toute seule.)

Comme ils n'étaient pas mariés, aussi longtemps que son amant vivrait, il pourrait être embrassé par d'autres femmes. En le tuant, Sada Abe s'assurait qu'aucune autre ne pourrait plus jamais le toucher.

LES FAITS

Les drames que je vous raconte font partie de la nature humaine, qu'on le veuille ou non. Pourquoi, d'après vous, déchaînent-ils autant les passions ? Nous avons tous en nous cette pointe de curiosité malsaine pour ce qui est tabou, et les Japonais ne font pas exception. Jamais une affaire criminelle n'a suscité autant d'émoi, pour ne pas dire d'engouement, que celle de Sada Abe dans les années 1930. Ce peuple, qui renvoie l'image d'une société ordonnée, calme et honnête, peut aussi avoir des penchants bien étranges, et c'est cela dont il est question dans l'histoire que vous allez découvrir…

La fabrication, ou plus précisément le tissage de tatamis est un art traditionnel très respecté au Japon. C'est un savoir-faire ancestral qui se transmet de génération en génération, comme c'est le cas dans la famille Abe, qui réside dans le quartier de Kanda, à Tokyo. C'est là que naît Sada Abe, le 28 mai 1905. Elle est la septième de huit enfants d'une famille de la classe moyenne aisée, dont quatre seulement survivront jusqu'à l'âge adulte.

Sada est la préférée de sa mère, elle ne lui cause jamais de soucis et c'est la plus jeune. Sur ses conseils, Sada apprend à jouer du shamisen, un luth à trois cordes, instrument traditionnel japonais. Cet art prend beaucoup de place dans la vie de la jeune fille, et devient même plus important que l'école. À cette époque, jouer du shamisen est une activité typique de la classe sociale défavorisée, mais Sada et sa mère n'ont que faire du regard des autres. Tout le temps et l'énergie que Sada y consacre la rendent fière. En japonais, il existe une expression pour désigner ce sentiment : « avoir le nez haut ». Hélas, cela ne va pas durer...

Alors qu'elle a quatorze ans, Sada vit un épisode traumatisant. Tandis qu'elle joue innocemment avec un étudiant de l'université Keiō, celui-ci la viole. Cet événement va bouleverser sa vie. Les gens du quartier commencent à la dénigrer, on dit d'elle qu'elle est une mauvaise fille, qu'elle n'est plus bonne à marier. Pendant un temps, elle tient le coup. Mais un jour, elle craque. Sada se rebelle et manque de respect à son entourage. Les parents, désemparés, tentent de la calmer, mais à ses dix-sept ans, ils finissent par l'éloigner. Ils l'envoient dans une maison de geishas à Yokohama. Là-bas, au moins, elle pourra mettre à profit les talents de joueuse de shamisen qu'elle a développés durant son enfance.

Dans les maisons de geishas, appelées *okiya* en japonais, la hiérarchie est très stricte. Les apprenties n'ont pas le droit de saluer leurs supérieures, encore moins de leur parler, sauf si on le leur permet. On leur apprend l'art du divertissement, de la conversation, de la musique, et même de la séduction. Mais attention, contrairement à ce que l'on pense couramment, les geishas ne sont pas toujours des prostituées ! Les geishas dites de « seconde zone » doivent effectivement vendre leur corps pour rembourser leurs dettes à l'*okiya,* mais les autres sont des courtisanes dont la seule compagnie, pour les plus prisées, peut coûter des sommes mirobolantes ! Sada Abe, en dépit de ses talents au shamisen, reste une geisha de bas rang. Elle qui avait le goût d'apprendre et de progresser a baissé les bras. Cinq années durant, jusqu'à ses vingt-deux ans, elle vend son corps à des inconnus. Contrairement à ce que l'on pourrait penser, cela ne lui déplaît pas, au contraire. Malheureusement, elle finit par attraper la syphilis et, à cette époque, la maladie peut être contenue, mais pas soignée. Elle doit donc subir des examens de santé réguliers, ce qui n'est pas convenable chez les geishas de son rang…

Sada Abe prend alors une décision importante : elle abandonne le métier de geisha pour devenir prostituée. Cela peut sonner comme une régression, mais en réalité, c'est tout le contraire. Bien que moins protégée que dans l'*okiya,* Sada Abe va mieux gagner sa vie de cette manière.

C'est ainsi qu'elle quitte Yokohama pour s'installer dans une maison close du quartier rouge d'Osaka. Un établissement où les pratiques ne sont pas conventionnelles et où les clients ont tendance à se permettre tout et n'importe quoi avec les filles.

Malgré son quotidien difficile, Sada n'est pas pour autant une vilaine fille. Bien que ses parents l'aient envoyée très tôt dans une *okiya,* Sada Abe n'est pas rancunière. Aussi, lorsque sa mère meurt, elle est la seule des quatre enfants de la famille à revenir régulièrement à Tokyo pour s'occuper de son père.

Un jour, les cris des autres filles réveillent Sada. Ce n'est pas un client violent, c'est la police qui fait une descente. Sada rassemble ses affaires à la hâte mais, au moment où elle s'apprête à filer, un policier s'introduit dans sa chambre, la saisit par le bras et la plaque au sol. La jeune femme a beau se débattre, rien n'y fait. Soudain, des flashs de son viol lui reviennent… Elle pousse alors un cri de terreur abominable qui surprend même le policier.

– 大丈夫です！落ち着いてください。

(Ne vous inquiétez pas ! Tout va bien.)

L'officier est loin de se douter de ce qu'il est en train de faire revivre à la prostituée. Sada Abe est embarquée. Elle n'a pas eu de chance, les autorités avaient appris que sa maison close employait des prostituées sans licence. Elle se retrouve donc derrière les barreaux. Heureusement pour elle, sa détention sera de courte durée. Un certain Kinnosuke Kasahara, un ami du propriétaire de la maison close, paie la caution des filles et s'arrange pour que toutes les charges soient abandonnées. Chacune vient alors le remercier. Sada Abe lui tape dans l'œil. Quelque temps plus tard elle devient sa maîtresse : l'homme lui fournit une maison et lui donne régulièrement de l'argent, une ascension sociale inespérée.

***

Nous sommes en 1934, Sada Abe a vingt-neuf ans. Elle passe désormais de relation en relation, est la maîtresse d'hommes mariés qui l'entretiennent en retour, cumule les petits boulots de femme de chambre ou de serveuse. Désormais, tous les moyens sont bons, vous l'aurez compris, pour éviter la prostitution. Un jour, alors qu'elle se trouve dans un restaurant, le Yoshidaya, elle tombe amoureuse du patron, Kichizo Ishida. C'est une première dans sa vie ! Lui, frappé par la beauté de la jeune femme, lui demande de devenir son amante – car M. Ishida est marié...

C'est le début d'une formidable histoire d'amour. Nos deux tourtereaux adorent explorer les limites de leur sexualité. L'alcool, les jeux pervers et la luxure sont leur quotidien. Il leur arrive même d'engager des geishas pour leur tenir compagnie, et de s'adonner à des plaisirs sexuels en leur présence. Bientôt, les deux amants ne peuvent plus se passer l'un de l'autre. Ils se voient de plus en plus souvent, jusqu'à partir en escapade amoureuse pendant deux semaines ! Mais à la suite de ce séjour, Ishida, qui rappelons-le est toujours marié, est assailli par la culpabilité et décide

de rompre brutalement avec Sada. L'ancienne prostituée n'était pas dupe, elle savait qu'Ishida ne quitterait jamais sa femme, mais elle s'était attachée à lui plus qu'elle ne l'avait jamais été auparavant à quiconque.

Le 9 mai 1936, Sada Abe assiste à une représentation théâtrale dans laquelle une geisha menace son amant avec un couteau. La scène, très perturbante, inspire la jeune femme… Après la pièce, Sada se rend au marché et achète un énorme couteau de cuisine avec la ferme intention de l'utiliser de la même manière que la geisha sur scène. Deux jours plus tard, Sada Abe met son plan à exécution. À l'occasion d'un ultime rendez-vous avec son amant, elle sort le couteau de son sac et le menace. Là, l'impensable se produit. Loin de prendre peur ou de se figer, Ishida se met à rire. L'audace de la jeune femme le séduit, et il décide de reprendre leur relation là où elle s'était interrompue. Ils partent pour une nouvelle escapade amoureuse dans la même auberge que la fois précédente. Ce soir-là, au milieu de leurs ébats, Sada place le couteau à la base du pénis d'Ishida en lui chuchotant ces mots :

– 二度と違う女と遊ばないように。。。

(Je vais m'assurer que tu ne joueras plus jamais avec une autre femme…)

À nouveau, l'homme se met à rire. Ces menaces, pourtant bien réelles, provoquent chez lui l'hilarité. Ishida se découvre masochiste. La peur et la douleur lui procurent une véritable jouissance. Comme à leur habitude, les deux amants vont toujours plus fort, toujours plus loin et, un soir, Ishida demande à l'ancienne geisha de l'étouffer pendant l'acte sexuel, ce qu'elle accepte avec grand plaisir…

***

Cela fait déjà cinq jours que le couple est cloîtré dans l'auberge, leurs rapports sont de plus en plus violents, de plus en plus dangereux. La fréquence et la durée des étranglements augmentent. Ishida demande même à sa maîtresse, qui découvre son penchant sadique, de l'étrangler avec une ceinture au moment de l'orgasme. Le plaisir qu'ils prennent alors est indescriptible… Pourtant, chaque fois que Sada relâche son étreinte, Ishida se tord de douleur, son visage se déforme, et il se rue vers la table de chevet pour prendre des sédatifs, bien plus que la dose autorisée. Après quelques minutes, la douleur s'apaise, et Ishida commence à somnoler. Il sait que sa maîtresse profitera de son sommeil pour l'étrangler, et l'idée ne lui déplaît pas. Alors, il autorise Sada à ne pas se retenir si l'envie lui prend. Ce manège va se poursuivre plusieurs jours.

Le 18 mai 1936, à 2 heures du matin, Ishida meurt. Sada Abe vient de l'étrangler à mort durant son sommeil. Elle ne ressent ni peur ni panique, mais plutôt un grand soulagement, comme si toute sa jalousie accumulée venait de s'envoler. Elle se sent libérée, délivrée de l'amour qu'elle portait à un homme qui n'aurait jamais accepté de faire sa vie avec elle, et auquel elle sera désormais liée dans la mort. Pour l'heure, elle doit prendre la fuite. Mais avant cela elle décide d'emporter un souvenir de son amant. Elle se saisit alors du grand couteau qu'Ishida aimait tant, sectionne ses parties génitales et signe son acte de ces mots :

« 定　きち　二人きり。»

(Sada et Kichi ensemble pour la vie.)

À 8 heures du matin, Sada sort de l'auberge et demande au personnel de ne pas déranger Ishida, qui « dort paisiblement ». Quelques heures plus tard, la femme de ménage pénètre dans la chambre et découvre le corps d'Ishida nu, portant des traces d'étranglement, des griffures, dont les parties intimes ont été sectionnées. Elle prévient immédiatement la police. La cavale de Sada Abe commence.

Les médias ont rapidement vent du fait divers, et le jour même ils relatent l'affaire jusque dans ses moindres détails. Pris de curiosité morbide, le public se passionne pour ce meurtre, les rumeurs les plus folles commencent à circuler. L'une d'entre elles affirme que le pénis d'Ishida serait « anormalement gros ».

La suite, vous la connaissez. Mais reprenons là où nous nous sommes arrêtés dans l'interrogatoire.

– 死んだら二度と違う女といられないですか。

(Mort, Ishida ne pourra plus jamais être avec une autre femme.)

Cette idée est simple, terre à terre. L'inspecteur comprend que Sada Abe a tué son amant non pas par colère, mais par jalousie. Elle avait par ailleurs prévu de se suicider quelques jours après le meurtre. Elle avait même préparé pour ses proches des lettres d'adieu qui ont été retrouvées dans sa chambre.

LE JUGEMENT

Les détails les plus croustillants de l'affaire ont fuité, et le Japon tout entier se passionne désormais pour l'histoire de la geisha jalouse. C'est un véritable feuilleton, avec ses différents épisodes, ses rebondissements, ses nouveaux personnages.... Comme Gorō Ōmiya, un politicien japonais qui, lorsqu'on découvre qu'il a eu une liaison avec la criminelle, voit sa carrière politique anéantie ! Les clients affluent par centaines dans le restaurant d'Ishida. Mais le paroxysme de l'hystérie collective est atteint le 25 novembre 1936, lorsqu'une foule immense se rassemble pour assister au jugement.

– 有罪は認めます。

(Je plaide coupable.)

Sada ne souhaite pas ralentir la procédure. Elle espère la peine de mort pour rejoindre au plus vite son bien-aimé. Pourtant, lorsque la sentence de Sada est prononcée, l'assemblée reste bouche bée. La jeune femme écope de six ans de prison ferme… seulement. Les juges ont été extrêmement cléments. Ils ont considéré qu'elle avait tué par amour et non par jalousie.

Sada Abe vit bien son séjour en prison. Le personnel pénitentiaire est très attentionné envers elle, et elle sort pour bonne conduite au bout de cinq ans, bien que les remises de peine soient rares au Japon… Mais sa libération marque le début des problèmes pour l'ancienne geisha. Où qu'elle aille, quoi qu'elle fasse, la fascination qu'elle suscite auprès du public et son extrême médiatisation rendent toute vie normale impossible. Elle ne trouve pas de travail, et on la chasse dès qu'on apprend qui elle est. Elle tente bien d'utiliser un pseudonyme, mais rien n'y fait. Même la Seconde Guerre mondiale ne lui permet pas de se faire oublier, et quand ce ne sont pas les gens autour d'elle, c'est un auteur qui la diffame dans un livre.

À force de persévérance, en 1970, elle disparaît sans laisser de trace… Sada Abe n'est jamais réapparu et aura marqué l'Histoire pour avoir été la première meurtrière à susciter autant de passion au Japon.

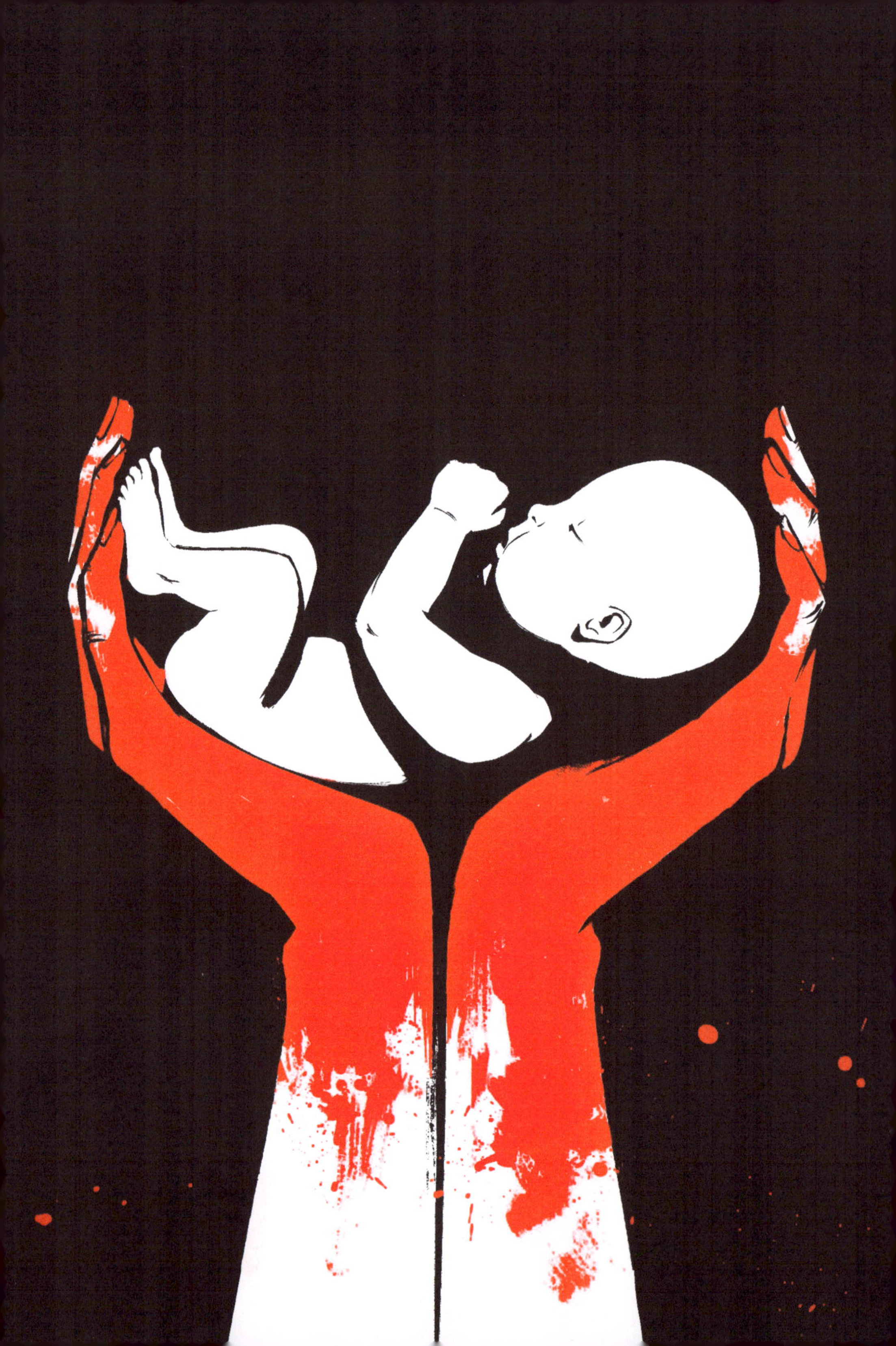

Miyuki Ishikawa, la sage-femme criminelle

1947

Le visage de Fuyumi se crispe de douleur. « Poussez, madame ! Poussez ! Courage, je vois la tête. » Ses mains s'agrippent aux barreaux du lit avec force. Autour d'elle, tout le monde s'active. « Respirez, madame, n'oubliez pas de respirer ! »

Fuyumi essaye de suivre tant bien que mal les conseils de la sage-femme. La douleur est si intense qu'elle a perdu toute notion du temps. Depuis quand le travail a-t-il commencé ? Une poignée de minutes, trente, ou plus, une heure ? Qu'importe, cela n'a pas d'importance. Fuyumi n'a qu'une chose en tête : mettre au monde son enfant. Soudain, une pensée noire traverse son esprit… Et si elle n'y arrivait pas ? Et si elle était trop faible ? Trop diminuée par la faim ?

Nous sommes en 1947, le Japon se reconstruit difficilement sur les ruines de la Seconde Guerre mondiale et la nourriture manque souvent. Fuyumi se sent partir. Sa vue se brouille. Soudain, un cri retentit dans la pièce. « Ça y est, l'enfant est là ! »

Ces quelques mots raniment instantanément Fuyumi. Elle tente de se relever, mais ses muscles endoloris ne le lui permettent pas. La sage-femme dépose alors brièvement le nouveau-né sur Fuyumi. Ce que celle-ci ignore, c'est que ce premier moment de complicité avec son bébé sera également le dernier…

LES FAITS

Dans de nombreux pays, l'interruption volontaire de grossesse est encore illégale. Au Japon, bien qu'elle soit illégale d'après le code pénal, les exceptions à la loi sont si nombreuses, qu'on peut dire qu'elle est acceptée et pratiquée depuis 1949 – pour rappel, l'avortement n'est devenu légal en France qu'en 1975 ! Alors, pourquoi si tôt au Japon ? On explique cela par les années de famine après guerre, mais en réalité c'est une affaire bien précise qui a précipité cette décision et mis l'avortement sur le devant de la scène. En effet, aussi étrange que cela puisse paraître, l'acceptation et la pratique de l'avortement au Japon sont intimement liées à l'histoire de la plus grande tueuse en série japonaise…

1897

Une femme allongée sur un lit d'hôpital de la préfecture de Miyazaki devient mère. Le nouveau-né pleure, c'est une fille. Pour apaiser l'enfant autant que la mère, on les blottit l'un contre l'autre pendant quelques minutes qui semblent éternelles mais, très vite, le bébé est confié à une sage-femme. Celle-ci s'occupera du nourrisson le temps que la maman retrouve des forces. Cette enfant qui vient de naître, c'est Miyuki. Les sages-femmes s'occupent bien d'elle, et font en sorte qu'elle ne manque de rien. L'argent des parents n'y est pas étranger. Il va être utile pour assurer l'avenir de Miyuki.

Les enfants s'agglutinent devant le portail de l'école. Miyuki, alors âgée de cinq ans, reste blottie dans les jupons de sa mère. Derrière ses cheveux noirs se dessine un visage lisse où se lit une certaine appréhension. Tous ces enfants qui crient et se bousculent lui font peur. Tant bien que mal, elle pénètre dans l'enceinte de l'école. Autour d'elle, il y a beaucoup de garçons et très peu de filles. Rien d'anormal à cela : au Japon, en 1902, il est exceptionnel qu'une fille aille à l'école. Mais Miyuki sait la chance qu'elle a de faire partie des rares élues, et elle n'a pas l'intention de la gâcher. Sa détermination est sans égale, et rien ne compte plus pour elle que les études.

Au fil des années, Miyuki se révèle en effet une élève modèle, assidue et travailleuse. Elle semble juste un peu solitaire... Or, dans le système éducatif japonais, on porte une attention particulière à la communauté. Les résultats sont importants, mais la capacité à s'intégrer au sein du groupe l'est tout autant. Et le moins qu'on puisse dire, c'est que Miyuki n'excelle pas dans ce domaine. Non qu'elle soit timide, elle ne ressent simplement pas le besoin de se mêler aux autres et limite les interactions avec ses camarades au strict minimum. Même durant la récréation, elle reste dans un coin à lire.

Sans trop y croire, un élève de sa classe s'est approché de Miyuki : « Hé, tu veux venir jouer avec nous ? » Peut-être s'est-il senti obligé de le faire ? Miyuki reste muette et regarde le garçon s'éloigner, penaud, avec un profond dégoût. Hors de question qu'on la prenne en pitié ! S'il faut absolument qu'elle se mêle aux autres, ce sera à sa façon. Aussi, de manière très calculée et, il faut le dire, artificielle, elle décide d'adopter un nouveau comportement en classe. Son objectif est de se faire suffisamment d'amis pour qu'on ne lui reproche plus sa solitude. Malheureusement, lorsqu'on porte un masque, tôt ou tard, les gens finissent par s'en apercevoir…

1915

Miyuki attend une lettre, c'est pourquoi depuis quelque temps c'est elle qui va systématiquement chercher le courrier. Le jour tant espéré arrive : dans la boîte, elle trouve une enveloppe de la section médecine de l'université impériale de Tokyo et, grande nouvelle : elle est admise ! C'est une immense satisfaction pour elle et sa famille, mais également un événement historique, puisqu'elle intègre la première promotion féminine de cette université fondée en 1877.

Studieuse et appliquée comme elle l'a toujours été, elle obtient sans difficulté son diplôme de sage-femme. Mais ses vieux travers refont surface. Ses futurs collègues la décrivent comme une manipulatrice n'entretenant des relations que par intérêt. Durant ses quatre années d'études, elle ne participe à aucune fête et ne se lie réellement d'amitié avec personne.

S'il n'y a pas de place dans la vie de Miyuki pour l'amitié, son cœur en revanche est à prendre. Elle jette ainsi son dévolu sur un certain Takeshi Ishikawa, inspecteur de police et ancien sous-officier de l'armée impériale. En parallèle, elle gravit les échelons professionnels jusqu'à devenir directrice de la maternité de Kotobuki. Un avenir radieux se profile à l'horizon pour Ishikawa Miyuki, mais ses idéaux vont faire d'elle la plus grande tueuse en série de l'histoire du Japon.

1948

Une trentaine d'années se sont écoulées depuis la fin des études de Miyuki quand nous la retrouvons dans le quartier de Shinjuku, dans le centre de Tokyo. Le Japon se remet difficilement de la guerre. Les forces d'occupation américaines sont très présentes, particulièrement dans la capitale. La reconstruction demande de lourds efforts de la part des Japonais, qui doivent se battre quotidiennement pour avoir de quoi manger dans leur assiette. Mais dans ce contexte, certains s'en tirent à meilleur compte que d'autres.

Nous sommes le 15 janvier, il est 19 h 30, et le soleil s'est couché depuis maintenant deux heures. Dans la nuit noire et froide, Nakamura, un jeune livreur à vélo, file entre les voitures pour achever sa course. C'est la dernière d'une longue liste, et il a hâte de rentrer chez lui pour se reposer. Soudain, un coup de sifflet l'arrête. Il se retourne en direction du bruit et aperçoit un policier, appelons-le Keita, qui le fixe, le bras tendu, lui faisant signe d'approcher. Nakamura est embêté, peut-être a-t-il trop zigzagué entre les voitures ?

– こんばんは、ちょっとそんなに急いで何を運んでるんですか ?

(Bonjour, monsieur, contrôle de routine. Vous transportez quoi comme ça ?)

– えとー　わかりません。君達の仕事じゃないんだから。

(Euh… Je ne sais pas, ce ne sont pas vos affaires.)

– やあ　すみません　一緒に確かめましょう。

(Eh bien, écoutez, on va quand même vérifier ça ensemble.)

Le livreur commence à s'impatienter, mais malgré tout il s'exécute. Il détache soigneusement les ficelles qui entourent la boîte, retire le couvercle et reste figé. Des gouttes de sueur se mettent à perler sur son front.

– えとー　そのー

(Euh… alors…)

Nakamura bafouille, les yeux rivés sur le contenu de son colis. Le policier l'interpelle à plusieurs reprises, mais le jeune homme est incapable de répondre. Keita l'écarte alors d'un geste brusque et s'empare du paquet. L'agent se doutait bien que ce livreur ne transportait pas des oranges, mais il était loin d'imaginer qu'il trouverait dans le carton le cadavre d'un bébé noirci et gelé, emmitouflé dans un lange abîmé.

– なんですか　これ ?! なんでそんな物を持っているんですか ?

(Qu'est-ce que c'est que ça ?! Pourquoi vous transportez ça ?)

La tension est brusquement montée d'un cran. Le policier presse de questions le jeune Nakamura. Le livreur répète en boucle la même histoire : l'hôpital Kotobuki lui a confié ce paquet, et il se rendait simplement au crématorium. Comment aurait-il pu imaginer ce qu'il y avait dedans ? Ce n'est pas son rôle après tout ! Et en effet, après vérification, le personnel de l'hôpital confirme le récit de Nakamura. Pourtant, l'instinct dicte au policier de poursuivre son investigation, et ce simple contrôle de routine va déboucher sur la traque de la femme la plus meurtrière de l'histoire du Japon.

– 今まで幾つの赤ん坊を運びましたか ?

(Combien de bébés as-tu transportés jusqu'à présent ?)

Confus, Nakamura tente de reprendre ses esprits. Les choses sont pourtant simples : la maternité lui confie un colis, lui se contente de le livrer au crématorium. L'officier n'est pas dupe, il décide de mettre la pression au livreur : il est pour le moment l'unique suspect dans une affaire de meurtre. C'en est trop pour Nakamura. Après tout, il ne fait qu'exécuter les ordres et il n'est en aucun cas responsable de ce qui se trouve dans ces boîtes. Le temps passe et, devant l'insistance de Keita, le livreur laisse échapper quelques informations. Depuis août de l'année précédente, date à laquelle il a pris cet emploi, il a effectué une vingtaine de courses de ce type. L'officier sent une ouverture, il insiste et, après une ultime menace, Nakamura lâche enfin le nom de la commanditaire de ces livraisons : Miyuki Ishikawa.

Le nom interpelle le policier, qui balaie l'information d'un revers de la main. L'urgence n'est pas là. Keita se précipite au crématorium, et arrive juste à temps pour empêcher les employés de brûler de nouvelles dépouilles. L'officier convoque les responsables du lieu et les interroge sur la présence de cadavres de nouveau-nés. Il y en a cinq sur place, plus celui que transportait le livreur, cela fait six cadavres de nourrissons. C'est beaucoup. Keita décide donc de ramener les corps au département scientifique de la police pour vérifier s'ils sont bien morts de causes naturelles.

Les jours passent ; enfin, le rapport d'autopsie tombe. Trois bébés sont morts d'hypothermie, deux de pneumonie et un de malnutrition. Mais le plus étrange, et glaçant, c'est qu'aucun d'entre eux ne semble avoir été nourri. La piste de l'homicide volontaire se dessine. Qui peut bien être le responsable de crimes aussi abjects ? Tant de morts à la suite, ça ne peut pas être le fruit du hasard ! Se pourrait-il que le livreur ait raison ? Keita ne peut y croire. Ishikawa Miyuki, ce n'est pas n'importe qui ! C'est forcément une blague. Une blague de très mauvais goût…

1930

Dix ans après la fin de ses études, Ishikawa Miyuki a bien évolué dans la société. Elle entretient toujours des relations utilitaires mais, désormais, plus besoin de faire semblant. Quelques pots-de-vin ici et là lui ont assuré une place de choix, et c'est désormais elle qui met au monde les enfants des préfets, des secrétaires d'État et autres personnes influentes. Son mari n'est pas en reste. Il ne manque pas une occasion d'user de son statut d'officier de police pour étouffer certaines affaires en échange de jolies commissions. C'est ainsi que le couple s'est hissé au sommet de la société tokyoïte, en amassant au passage une coquette somme d'argent qu'ils ont investie dans l'ouverture d'une petite clinique accueillant les jeunes mères en difficulté, particulièrement celles concernées par des grossesses non désirées. Le moins que l'on puisse dire, c'est que la clientèle ne manque pas. Le préservatif existe pourtant déjà au Japon, mais son utilisation reste marginale. L'avortement étant encore illégal, les futures mamans se bousculent à l'entrée de l'établissement.

Miyuki Ishikawa voit en ces clientes un chiffre d'affaires prometteur, mais elle n'est pas non plus dénuée de convictions. Face à tant de misère, elle souhaiterait que chacune d'entre elles puisse décider ou non de devenir maman. Et puis, il y a tous ces enfants dont la plupart sont élevés dans des conditions déplorables, souffrant de carences. Miyuki décide donc de mettre en place un service d'adoption pour assurer à ces enfants non désirés un meilleur avenir. Grâce à ses connexions et à celles de son mari, l'établissement est déclaré d'utilité publique, ce qui n'a d'intérêt que pour les subventions qu'ils perçoivent, qui leur permettent d'investir dans du matériel de meilleure qualité. Les affaires tournent si bien que le mari quitte son poste d'officier pour travailler à plein temps à la maternité, mais sa contribution ne sera que de courte durée, car à la fin des années 1930, la guerre se profile à l'horizon.

Dès les premières années du conflit, l'effort de guerre au Japon est total. La nourriture va en priorité aux soldats. Partout ailleurs, la famine guette, poussant les mères à envoyer leur progéniture à la campagne, où la nourriture est un peu plus abondante, quand elles ne les confient pas à des maternités. Dans la clinique de Miyuki Ishikawa, les demandes affluent sans discontinuer, mais celle-ci tient bon, proclamant qu'il s'agit là de son devoir patriotique ! Elle passe des annonces dans les journaux, déclarant que son établissement accueille les bébés des veuves de guerre. Elle est portée aux nues, telle une héroïne. Tant et si bien qu'en 1947 elle se présente aux élections législatives avec l'aval du Parti libéral démocrate. Elle mène une belle campagne, mais échoue à quelques voix.

On comprend dès lors que Keita, notre officier de police, ait pu avoir quelques réticences à enquêter sur une femme si influente. Il choisit donc de perquisitionner chez le directeur des pompes funèbres. Les forces de l'ordre s'engouffrent dans la maison et l'inspectent de fond en comble, sans succès. Ils décident alors d'aller chercher du côté du jardin, d'où ils vont exhumer quarante squelettes de bébés. Le directeur est en larmes et répète qu'il n'a fait que suivre les ordres de Mme Ishikawa. Moyennant finance, l'homme acceptait de faire disparaître les cadavres de ces bébés.

Cette fois, le doute n'est plus permis. Mais pour s'attaquer à une femme d'une telle envergure, Keita doit s'entourer, et bien s'entourer, car Miyuki Ishikawa a le bras long et des relations haut placées dans la police. En effet, la sage-femme a négocié au début de la guerre de très grosses contreparties – argent et nourriture – en échange de « services rendus à la nation ». Mais pour cela il aurait fallu qu'elle rende gratuits les services de son établissement. Très peu pour elle, vous vous en doutez : ses tarifs, élevés pour l'époque, étaient de 300 yens pour les nouveau-nés et de 500 yens s'ils restaient quelques semaines. Tout cet argent accumulé a permis à Miyuki et à son mari, à la fin de la guerre, de corrompre des fonctionnaires pour protéger leurs activités, se payant même le luxe au passage de faire augmenter les subventions pour leur établissement. Mais tout cela n'est que la partie émergée de l'iceberg…

Les forces de l'ordre poursuivent leurs investigations et, cette fois, Keita et ses hommes s'attaquent à la maternité. Ils doivent agir vite pour éviter que des supérieurs corrompus enterrent l'affaire. Sur place, ils ne rencontrent pas de résistance. Keita arrête Ishikawa Miyuki et son mari. Les agents de la protection de l'enfance qui les accompagnent découvrent dans une salle un peu à l'écart six bébés agonisants et un autre qui est décédé. Les berceaux sont dans un état déplorable et les fenêtres, bien que fermées, n'ont pas de carreaux. Le froid s'engouffre dans la pièce et la température y est glaciale. L'opération de police se poursuit, elle va mener à la découverte de documents accablants...

Depuis 1942, Miyuki Ishikawa négligeait volontairement certains nouveau-nés pour faire de la place à d'autres… plus aisés. Elle considérait que les enfants nés de mère pauvre ou sans éducation ne seraient qu'un fardeau de plus pour une société déjà en crise. Elle commettait ces meurtres par patriotisme, estimant que quelqu'un devait se salir les mains pour le bien de la société. Abandonnés à leur sort, les bébés mis de côté ne recevaient ni nourriture ni soins. La sage-femme n'agissait bien entendu pas seule. Elle était aidée par son mari et les infirmières qui recevaient une prime pour leur silence, tandis que les plus réfractaires étaient mises à la porte et menacées.

Pire, à la fin de la guerre, ce sont les mères qui, ne pouvant avoir recours à l'avortement, demandaient qu'on « néglige » leur enfant. Là encore, Miyuki Ishikawa soutirait des sommes importantes aux parents. Le « roulement » dans l'institut était tel qu'il devenait difficile de se débarrasser discrètement des corps. C'est pour cela que la sage-femme a corrompu les responsables du crématorium et le directeur des pompes funèbres, et c'est Nakamura qui se chargeait des livraisons. D'ailleurs, s'il a été arrêté à vélo, c'est le plus souvent à bord d'un camion qu'il effectuait ses macabres courses. C'est dire le nombre de corps qu'il a transportés ! Mais tout cela devait bien laisser des traces, des actes de décès, des réclamations, des enquêtes, me direz-vous. La vérité, c'est que tout le monde était au courant des agissements de Miyuki Ishikawa : les gangs, la police, jusqu'aux plus hauts fonctionnaires. Tous corrompus, jusque dans la justice...

LE JUGEMENT

Corruption. C'est le maître mot durant ce jugement. L'enquête aura été considérablement freinée par les fonctionnaires véreux qui se protégeaient les uns les autres. Si l'on en croit les témoignages des mères, au moins 104 bébés auraient été tués par Miyuki Ishikawa. En réalité, certainement beaucoup plus. Pour le grand public, c'est un choc. Celle que beaucoup considéraient comme une héroïne se retrouve du jour au lendemain accusée de l'assassinat de 104 bébés… Cependant l'argument du « devoir patriotique » ne laisse pas les Japonais insensibles : en 1946, le pays connaissait un baby-boom, or la misère et l'occupation américaine ne permettaient pas d'élever un enfant dans de bonnes conditions, et les abandons étaient monnaie courante. Abandons auxquels il fallait ajouter les « enfants de la honte » nés des quelque 2 millions de femmes japonaises violées par des soldats américains. Pour nombre de Japonais, l'abandon sonnait presque comme une évidence. Tous ces points mis en lumière par la sage-femme font que l'homicide volontaire ne sera pas retenu à son encontre. Elle ne sera jugée coupable que d'homicides par négligence envers la petite enfance et écopera d'une peine de quatre ans de prison ferme. Quatre ans, pour 104 morts confirmées. Cela donne la mesure de l'étendue de la corruption qui régnait dans les rangs de la justice japonaise à cette époque.

Les problématiques soulevées par ce procès à l'ampleur nationale permettront de faire émerger le sujet de l'avortement au Japon. Le 24 juin 1949, l'avortement pour raisons économiques sera légalisé. Pour ce qui est de Miyuki Ishikawa, considérée par certains comme une martyre, elle sortira de prison en 1952, après avoir purgé sa peine, et on n'entendra plus jamais parler d'elle.

Seito Sakakibara, l'enfant tueur

Nous sommes le 27 mai 1997 à Kobe. Comme tous les matins, Masuda fait son jogging. Le soleil éclaire déjà la ville et notre homme suit son itinéraire habituel jusqu'au lycée Tomogaoka, où il fait généralement demi-tour. Ce jour-là, alors qu'il est presque à mi-parcours, Masuda remarque un objet assez volumineux suspendu à la grille de l'établissement, sans toutefois parvenir à l'identifier. Qu'importe, il continue d'avancer. Arrivé devant le portail, Masuda s'arrête pour reprendre son souffle, boire une gorgée d'eau et faire le point sur son temps. Juste avant de repartir, il jette machinalement un dernier regard par-dessus son épaule en direction du fameux objet. Instantanément, son rythme cardiaque remonte en flèche et il tombe à la renverse : c'est une tête d'enfant ! Sous le choc, Masuda met quelques secondes avant de retrouver ses esprits, puis il sort son téléphone de sa poche pour appeler la police. Une sonnerie, puis deux. L'homme ne parvient pas à détacher son regard de sa macabre découverte. Il remarque alors qu'un papier est coincé dans la bouche du cadavre, avec une inscription. La police décroche mais, trop absorbé par sa découverte, Masuda ne dit rien. Il s'approche et parvient à déchiffrer les deux mots qui forment un nom : « Seito Sakakibara ».

LES FAITS

Le Japon est un pays connu pour sa sécurité. Par le passé, lorsqu'un meurtre était commis, le coupable était le plus souvent un homme adulte, en marge de la société, et cela ne semblait pas choquer les Japonais plus que cela. Malheureusement, ces trente dernières années, le pays a enregistré plus d'une centaine de meurtres commis par des adolescents. Des meurtres que l'on pourrait qualifier d'actes de barbarie et qui choquent une opinion publique japonaise qui considère l'enfant comme naturellement bon. Autre problème, cette fois de nature juridique : la peine de mort, qui serait prononcée pour des homicides de ce type s'ils étaient commis par des adultes, ne s'applique pas aux mineurs… Il n'en demeure pas moins que ces meurtres sont une réalité. Les premiers sont apparus au début des années 1990, et l'un des plus marquants est sans doute celui de Seito Sakakibara.

Revenons en 1997. Les policiers ont bouclé le périmètre autour du lycée Tomogaoka et les cours ont été annulés. Des passants, attirés par l'agitation et la présence des forces de l'ordre, commencent déjà à s'agglutiner autour de la scène de crime. L'équipe scientifique doit faire vite… Elle examine la tête tranchée. Sur le visage, on peut constater de multiples sévices : la bouche de la victime a notamment été déchirée jusqu'aux oreilles. C'est là qu'on a inséré le fameux bout de papier. « Seito Sakakibara », est-ce une signature ? Le nom de la victime ? Ou bien celui du criminel ? Il s'agit en tout cas d'un indice important...

Quelques heures plus tard, la victime est identifiée. Il s'agit d'un petit garçon de onze ans, Hase Jun, enlevé trois jours auparavant. C'est une véritable tragédie. Mais une nouvelle découverte va secouer la police japonaise. Au verso du bout de papier, le tueur a laissé un message à l'intention de la police. L'inspecteur Kohara, en charge de l'affaire, déplie délicatement le feuillet encore imbibé du sang de la victime et lit le texte suivant :

さあゲームの始まりです
愚鈍な警察諸君
ボクを止めてみたまえ
ボクは殺しが愉快でたまらない
人の死が見たくて見たくてしょうがない
汚い野菜共には死の制裁を
積年の大怨に流血の裁きを
さあゲームの始まりです
愚鈍な警察諸君
ボクを止めてみたまえ
ボクは殺しが愉快でたまらない
人の死が見たくて見たくてしょうがない
汚い野菜共には死の制裁を
積年の大怨に流血の裁きを

(Que le jeu commence. Flics stupides, essayez donc de m'arrêter. Je meurs d'envie de tuer. Je ne peux pas m'empêcher de vouloir répandre la mort. La sanction sera la mort pour tous ces idiots. Un jugement sanglant sera rendu pour des années de grande amertume.)

Le silence a envahi la pièce. Autour de Kohara, chacun prend conscience de la responsabilité qui lui incombe. L'inspecteur expose la situation à ses troupes et leur ordonne d'interroger le voisinage pour récolter un maximum d'informations, tandis que lui se chargera d'annoncer la mauvaise nouvelle aux parents de l'enfant qu'ils viennent d'identifier. Kohara sait que les médias risquent de s'emparer de l'affaire, mais il n'a pas le choix… Il faut agir vite, le meurtrier a été clair, c'est une question de vie ou de mort ! Effectivement, l'inspecteur avait vu juste. Le soir même, l'événement fait les gros titres du journal local. Ce qu'il n'avait pas prévu, en revanche, c'est que le contenu de la lettre serait dévoilé. Il s'agit du pire des scénarios pour les forces de l'ordre, moquées publiquement par le tueur. De plus, dans la précipitation, le journal a mal orthographié le nom du meurtrier. « Sakakibara » est devenu « Onibara », un détail qui ne laissera pas ce dernier indifférent…

À partir de là, la situation s'emballe. Le pays ne parle plus que de ça. Les journalistes se relaient devant l'école pour montrer l'endroit où la tête a été retrouvée. Le commissaire Kohara est exaspéré par la situation, et ce ne sont pas les maigres informations récoltées par ses collègues qui vont le calmer. Leur seule et unique piste, c'est que le criminel serait un homme de trente à quarante ans. Autant dire qu'ils n'ont rien… La police semble faire preuve d'un tel laxisme et d'une telle incompétence qu'on en viendrait presque à croire qu'ils espèrent que les menaces retrouvées sur la scène de crime ne soient qu'une mauvaise blague. Bon, d'accord, je suis un peu dur, mais il n'en est pas moins vrai que les jours passent et que l'enquête s'enlise.

Le 4 juin 1997, coup de théâtre. Le *Kobe Shimbun*, le journal de Kobe, reçoit une nouvelle missive que le meurtrier a déposée dans la boîte aux lettres du quotidien. Pour les journalistes, c'est un énorme scoop ! Le meurtrier s'est adressé directement à eux. La lettre est trop longue pour que je la reproduise en entier, mais en voici un extrait.

ボクの名を読み違えて「鬼薔薇」(オニバラ)と言っているのを聞いた人の名 _を読み違えるなどこの上なく愚弄な行為である。今後一 _度でもボクの名を読み違えたり、またしらけさせるような事があれば一週間 _に三つの野菜を壊します。ボクが子供しか殺せない幼稚 _な犯罪者と思ったら大間違いである。

(Se tromper sur la graphie de mon nom, quelle stupidité. À partir de maintenant, si mon nom est mal orthographié ne serait-ce qu'une seule fois, ou s'il se passe quelque chose qui me contrarie, je tuerai trois abrutis par semaine. Si vous pensez que je suis un enfant criminel qui ne peut tuer que des enfants, vous commettez une grave erreur.)

Cette lettre est écrite à la main, comme la première. Comme on pouvait s'en douter, Seito Sakakibara n'a pas apprécié que l'on écorche son nom. Les journalistes jubilent et publient un article dans la foulée. C'est un carton pour le *Kobe Shimbun*. Toute la ville est fascinée par cette histoire de meurtre. Quand il voit cela, l'inspecteur ordonne à ses agents d'aller récupérer la lettre au siège du *Kobe Shimbun* et impose une confidentialité absolue. L'humiliation a assez duré…

28 juin 1997

Cela fait déjà trois semaines que le grand public est sans nouvelle de l'affaire Seito Sakakibara. Pourtant, de son côté, la police semble toucher au but. Kohara a bien fait de garder ses avancées secrètes. Ce matin-là, ses hommes et lui s'apprêtent à perquisitionner la demeure de leur suspect numéro un. La maison, luxueuse, est située dans un quartier sans histoire.

Kohara sonne à la porte. C'est une femme qui lui ouvre, probablement la mère de famille. Le commissaire demande à s'entretenir avec l'aîné des enfants, un certain Shinichiro Azuma. C'est un garçon de quatorze ans qui se présente devant l'inspecteur, pas exactement le genre de suspects auxquels la police est confrontée d'ordinaire. Kohara l'arrête néanmoins pour le meurtre de Hase Jun et lui passe les menottes. La mère ne s'y oppose pas et son fils se rend sans résister.

Quelques jours auparavant, Kohara a trouvé le corps de Hase Jun dissimulé dans

un local à ciel ouvert fermé au public, situé non loin du domicile familial de la jeune victime. À partir de là, les enquêteurs suspectent rapidement un garçon au profil « idéal » : violences à l'école, comportement étrange, et écriture très similaire à celle des lettres signées Seito Sakakibara. Pour Kohara, cela ne fait aucun doute, il tient le coupable. Pour comprendre comment un jeune de quatorze ans a pu commettre un acte aussi atroce, il faut remonter dans le passé de Shinichiro Azuma.

***

Shinichiro naît le 7 juillet 1982. C'est le premier enfant des Azuma, une famille fortunée qui gravite dans les hautes sphères de la ville de Kobe. Il ne manque de rien, sauf d'un amour que son père, distant, froid et le plus souvent absent, lui refuse. Shinichiro développe un sentiment d'abandon que sa mère tente de compenser en le surprotégeant. Hélas, à la naissance de son petit frère, l'attention de sa mère se détourne de lui, et plus encore lorsque arrive le troisième enfant. Le lien est brisé avec sa mère, qui semble même lui témoigner du mépris… Shinichiro se sent délaissé et abandonné de tous, sauf peut-être de sa grand-mère paternelle. Pour canaliser Shinichiro devenu turbulent, celle-ci lui offre un chien. Un lien sincère et profond se tisse entre l'enfant et l'animal. Hélas, cette parenthèse de bonheur ne dure pas. La grand-mère de Shinichiro disparaît

et, peu de temps après, c'est son chien qui décède. Ce dernier événement brise Shinichiro, qui se renferme et devient progressivement Seito Sakakibara.

Il commence par consommer des mangas et des animés ultraviolents, ainsi que de la pornographie de plus en plus extrême. Shinichiro supporte de moins en moins les châtiments physiques infligés par son père. En classe, il se comporte mal avec ses camarades. Ses professeurs tentent bien d'avertir les parents de Shinichiro, mais comme au Japon ce type de pathologie est associé aux classes sociales inférieures, ses parents ferment les yeux. De plus en plus attiré par la mort, Shinichiro commence à réaliser des expériences macabres sur des insectes. Il les découpe lentement, se délectant de leur agonie. Après les insectes, c'est au tour d'animaux plus gros : des chats, des pigeons, qu'il dépèce. Les pulsions meurtrières sont de plus en plus fortes chez lui, mais c'est en découvrant, à l'âge de treize ans, un reportage sur les *serial killers* qu'il a une révélation : il doit tuer un être humain. Il doit le faire, ne serait-ce que pour voir la sensation que cela procure…

10 février 1997, trois mois avant les faits

Il est 16 heures, et les écoliers rentrent à la maison. Au Japon, il y a si peu d'incidents qu'il est normal pour un enfant de cinq ans de rentrer seul chez lui, et Shinichiro le sait. Bien caché, il repère une fillette isolée. L'excitation du futur assassin est à son paroxysme. Il va le faire. Pour la première fois, il va tenter de tuer un être humain. Shinichiro en tremble de plaisir. Il s'est équipé pour cela d'un marteau en plastique, ce qui peut sembler ridicule, mais témoigne de la jeunesse du futur criminel. Shinichiro jaillit de nulle part au passage de l'écolière et commence à la frapper de toutes ses forces au visage.

Par réflexe, celle-ci se protège et parvient très vite à s'enfuir. La frustration de Shinichiro est immense, mais elle ne durera pas longtemps. Une autre fillette se présente face à lui… Il s'approche doucement et à nouveau les coups pleuvent, mais cette fois, la victime ne se protège pas. L'adolescent se livre alors à une orgie sanglante. Il assène de violents coups avec un plaisir sadique qui se lit sur son visage. Des voix d'adultes se rapprochent, pris de panique, il s'enfuit en laissant la fillette mal en point. Celle-ci est immédiatement amenée à l'hôpital : malgré un traumatisme crânien sévère, ses jours ne sont pas en danger.

Shinichiro, essoufflé, rentre chez lui. Cette première tentative est l'occasion pour lui d'apprendre de ses « erreurs », si j'ose dire. Il comprend que son vulgaire maillet en plastique ne suffit pas s'il veut ôter la vie à un être humain. Il se procure alors une machette en métal et, le 16 mars 1997, un peu plus de un mois après la première attaque, il retente l'expérience. À nouveau, il cible une écolière isolée dans le parc Ryugadai. Shinichiro aborde la fillette et lui demande :

– ねえトイレどこ ?

(Hé, tu sais où sont les toilettes ?)

La petite fille ne se contente pas de lui indiquer la direction, elle l'accompagne. La voilà encore plus isolée… Alors qu'elle lui tourne le dos, Shinichiro en profite pour sortir sa machette et lui asséner un coup violent sur la tête. Le sang jaillit et la fillette tombe au sol. Ça y est, il l'a fait ! Cette pensée le remplit de joie. Mais il ne prend pas le temps de la savourer, par prudence il quitte les lieux. Rentrer chez lui ? Non, trop tôt… Il lui en faut plus pour satisfaire son appétit morbide. Shinichiro trouve une autre fillette, de neuf ans, et cette fois il n'use d'aucun stratagème et la frappe violemment à l'abdomen. La petite tombe, une fois de plus Shinichiro s'enfuit. Les fillettes gisent sur le sol, la respiration courte et les yeux remplis de larmes. Que quelqu'un les trouve rapidement… Malheureusement, si la seconde victime, placée en soins intensifs, finit par s'en sortir grâce à de multiples transfusions de sang, ce n'est pas le cas de la première, qui succombe à ses blessures. C'est le tout premier meurtre de Seito Sakakibara. Le jeune meurtrier jubile. Chaque fois qu'il ferme les yeux, le souvenir des corps ensanglantés de ses victimes lui revient sans que cela lui inspire de remords. Shinichiro est véritablement devenu Seito Sakakibara, et il n'y a plus de retour en arrière possible...

Le 25 mai, Azuma Shinichiro rentre chez lui après les cours et, sans dire un mot à sa mère, s'enferme dans le sous-sol de la maison. Il semble essoufflé. L'excitation, la même que celle qu'il a ressentie le jour où il a attaqué les fillettes, se lit sur son visage. Il traîne un sac lourd et volumineux, dans lequel se trouve la tête du petit Hase Jun. La veille, il a attiré le pauvre enfant, handicapé, dans un lieu secret. Il lui a promis de lui montrer une mare pleine de tortues, un animal qu'appréciait particulièrement le jeune garçon. C'est là qu'il l'a étranglé à mort… Ce matin, il est retourné sur les lieux du crime pour décapiter sa victime. Enfin, après s'être amusé pendant de longues heures avec la tête de Jun, il est parti l'accrocher au portail du lycée Tomogaoka…

C'est en recoupant ces différentes affaires que le commissaire Kohara est parvenu jusqu'à l'adolescent. Seito Sakakibara était loin d'avoir commis des crimes parfaits : il laissait des empreintes partout, le profil de ses victimes était toujours le même et il les attaquait à peu près aux mêmes heures. Si on ajoute à cela les lettres manuscrites, il y avait pour ainsi dire presque trop d'indices. Dans un premier temps, Azuma Shinichiro nie les faits. Le commissaire lui montre alors la première lettre, retrouvée dans la bouche du petit Hase Jun. Kohara bluffe en prétendant qu'ils ont identifié son écriture… C'en est trop pour Azuma Shinichiro, qui fond en larmes et avoue tout, jusque dans les moindres détails. Le commissaire manque d'avoir la nausée… On transfère alors le jeune garçon au commissariat. Là-bas, nouveau changement d'attitude. Azuma Shinichiro dit n'éprouver aucun regret. Kohara ne sait comment appréhender un tel personnage, mais ce n'est plus de son ressort. C'est désormais à la justice de prendre le relais.

LE JUGEMENT

Dans un premier temps, la presse ne dévoile pas le nom de Shinichiro Azuma. On parle d'« enfant A », la loi protégeant l'anonymat des jeunes criminels. En revanche, ses premières tentatives de meurtre sont mises en lumière par la presse. Elles révèlent l'incompétence de la police. Dans leur plainte, les parents de la malheureuse victime de la toute première agression avaient décrit l'agresseur comme étant un collégien. Des photos d'élèves avaient été réclamées pour l'identifier, sans que la demande aboutisse... Si des mesures avaient été prises à l'époque, peut-être n'y aurait-il jamais eu de mort, et Seito Sakakibara n'aurait jamais existé.

Cette histoire pose un problème à la justice japonaise. Comment condamner un mineur pour de telles atrocités ? Si Azuma Shinichiro avait été majeur, la peine de mort aurait été prononcée sans l'ombre d'un doute. Mais au Japon, en 1997, on ne peut pas condamner un enfant de moins de seize ans. Shinichiro est donc placé dans un centre de détention pour mineurs. Il en sort en 2004, sept ans après ses crimes.

En juin 2015, Shinichiro Azuma publie un livre où il exprime ses regrets en donnant tout de même beaucoup de détails sur les meurtres. À l'époque, le milieu du livre boycotte la sortie, mais hélas, plus une chose est interdite, plus elle est convoitée, et l'ouvrage devient un best-seller. Les avocats des victimes parviendront à récupérer les revenus générés par les ventes pour les donner à leurs clients. Mais Shinichiro, frustré, ne s'arrête pas là. Il lance des newsletters et demande de l'argent à ses fans en échange de détails sur les meurtres qu'il a commis. C'en est trop pour la justice japonaise. L'identité d'Azuma est révélée au public et, en 2019, Shinichiro se voit formellement interdire de parler de son affaire. Il vit aujourd'hui reclus avec sa femme et ses enfants, parfois harcelé par certains journalistes trop curieux.

Katō Tomohiro, le massacre d'Akihabara

Dimanche 8 juin 2008, quartier d'Akihabara, 12 h 30. Les rues sont noires de monde. Rien d'étonnant dans ce quartier populaire de Tokyo. Akihabara est surnommé « Electric Town », c'est là que se rassemblent les geeks et les *otaku*. À l'origine, c'était un marché de composants électroniques. Bien que ces commerces subsistent, aujourd'hui, Akihabara est plus réputé pour ses maid cafés, ses game centers et… ses sex shops !

Un petit camion de la marque Isuzu, plutôt compact mais pesant environ 2 tonnes à vide, patiente au feu. Un camion le dimanche, ça n'a rien d'anormal au Japon, nombreux sont les Japonais qui travaillent ce jour-là. Ce qui est plus étrange, en revanche, c'est l'attitude du conducteur. L'homme, la vingtaine, porte des lunettes, une veste et un pantalon beiges et un tee-shirt noir, et il semble anormalement anxieux. Lorsque le feu passe au vert, le camion tourne sur la gauche et se retrouve à l'intersection de l'avenue du Kanda-Myōjin et de l'avenue Chūō du 4e district. Le feu est rouge et les voitures ralentissent, mais le camion poursuit sa course, il accélère même, et renverse cinq personnes ! L'impact est violent. Le conducteur perd le contrôle, le véhicule vacille à droite puis à gauche, avant de percuter un taxi. La panique gagne les piétons, qui constatent avec effroi l'horreur de ce qui vient de se produire. Comme si cela ne suffisait pas, le chauffard descend du camion, le regard possédé et une dague à la main. Il ne compte pas s'arrêter là... Cet homme s'appelle Katō Tomohiro.

LES FAITS

18 millions, c'est le nombre de Japonais qui vivaient seuls en 2015, et ce chiffre a encore augmenté depuis. Dans une société où le collectif est constamment mis en avant, les personnes isolées sont un fardeau, voire une honte. Dans les cas les plus extrêmes, on parle d'*hikikomori* : ce sont des gens qui ne sortent plus du tout de chez eux. Suite à des expériences traumatisantes, interagir avec les autres et vivre en société leur est devenu impossible. Ils préfèrent se renfermer sur eux-mêmes et attendre la mort :

c'est ce qu'on appelle en japonais les *kodokushi*, les morts solitaires. La solitude est un tel fléau dans l'archipel qu'elle en est devenue un business. Il existe ainsi au Japon des services pour louer des amis, des copines, ou encore un animal de compagnie. Tout est bon pour tromper l'ennui ! C'est parmi ces personnes en marge de la société qu'un certain Katō Tomohiro va faire parler de lui. Rien ne le prédestinait à devenir un meurtrier, mais il suffit parfois d'un petit rien pour que le destin bascule…

– ちゃんとしなさいよ。まったくもう！

(Fais les choses correctement, je te dis !)

1990

Un enfant de sept ans est en larmes. Sa mère vient de le gifler pour un problème de maths qu'il n'arrive pas à résoudre. Est ce une punition appropriée ? Elle se dirige vers la cuisine tandis que le père, affalé sur le canapé, regarde la télé, l'œil vide. Il n'a prêté aucune attention à la scène. Depuis longtemps déjà, il a abandonné l'éducation de ses enfants à leur mère.

Bienvenue dans la famille Tomohiro ! L'enfant, c'est Katō Tomohiro, vous vous en doutez, et sa mère est ce qu'on appelle une maman tigre. Une mère qui souhaite tellement voir ses enfants réussir qu'elle leur impose une pression démesurée. Ce qui signifie : aucune sortie entre amis et aucun contact avec les filles. Tout le temps disponible doit être consacré à étudier, sinon, eh bien, les punitions pleuvent, et je ne parle pas d'une simple gifle...

– 食べなさい。食べなさいって言ってるでしょう！

(Mange… Mange, je te dis !)

Katō est à nouveau en larmes... Il est 19 heures pile et la famille Tomohiro s'apprête à dîner. Le père et le petit frère sont à table, mais pas Katō. Ce soir-là, il a poussé sa mère à bout et, pour le punir, cette dernière a jeté son repas au sol, l'obligeant à manger comme un chien. Katō, vaincu, finit par ouvrir la bouche et gober la nourriture. « Qu'est-ce qu'on dit ? », crie sa mère, debout face à lui. La mâchoire du garçon tremble et de la nourriture s'en échappe. Au bout de quelques secondes, il parvient à articuler : « Pardon, maman, merci. » La situation est humiliante pour le jeune garçon, mais cela ne semble pas choquer les deux autres membres de la famille. Ils ont l'habitude de ce genre de scènes. Quelque temps auparavant, Mme Tomohiro a obligé ses deux garçons à rester pieds nus dans la neige. Elle ne manque pas d'imagination quand il s'agit de punir ses enfants, et le pire, c'est que cela semble fonctionner…

À la fin du collège, Katō Tomohiro sort major de sa promotion. C'est un élève exemplaire, excellent dans toutes les matières, et président du club de tennis, où il réalise des performances de haut niveau. Sa mère est ravie, voilà qui prouve bien que l'éducation qu'elle prodigue à ses enfants est payante. Grâce à ces résultats, Katō va pouvoir intégrer un lycée prestigieux, qui lui permettra de rejoindre une université prestigieuse, qui lui ouvrira les portes d'une entreprise prestigieuse. La voie royale. Mais à son arrivée au lycée Tsukuda, Katō craque. Il est entouré d'excellents élèves et la concurrence est rude. La pression pèse sur ses frêles épaules et, progressivement, ses notes chutent. Sur 360 élèves, il se retrouve à la 300e place. Pour ne rien arranger, du fait des règles strictes imposées par sa mère, il n'a aucun ami. Il ne sait même pas comment s'en faire. Ces années de lycée sont compliquées pour le jeune Katō, qui oscille entre solitude, frustration et colère envers ses parents. Il leur en veut de l'avoir formaté ainsi…

Heureusement, le *sotsugyō,* la fin du lycée, se profile à l'horizon et l'heure du choix pour la suite approche. Ses résultats ne sont plus ce qu'ils ont été, mais Katō a encore de belles cartes à jouer, comme l'école d'ingénieur de Sapporo, que lui suggère sa mère. Mais Katō est grand maintenant, et il ne veut plus lui obéir au doigt et à l'œil. Il choisit donc délibérément une filière qui déplaît à Mme Tomohiro : une formation pour devenir mécanicien !

Après ses études, la vie de Katō devient chaotique. Pour subvenir à ses besoins et rembourser les dettes contractées pour payer ses frais de scolarité, il accepte toutes les missions d'intérim qui se présentent et se retrouve obligé de déménager souvent. Difficile de nouer des relations amicales durables quand on bouge tous les trois mois. Katō connaît la solitude mais, contrairement à un *hikikomori,* il sort, va au travail, rencontre du monde sans pour autant créer de liens solides. Il tente alors de compenser ce manque par la consommation. Il achète une voiture pour 300 000 yens, soit 2 500 euros, en prenant un crédit, et ce cycle se répète entre 2003 et 2006 : Katō enchaîne les petits boulots, il rembourse un prêt, déménage, contracte un nouveau prêt, etc.

Août 2006

– もうだめだ.

(C'est bon, j'en peux plus.)

Désespéré et au fond du trou, Katō envoie un e-mail à ses quelques connaissances, pour leur dire qu'il veut en finir. Il n'en peut plus de cette vie. C'est comme s'il n'avait pas droit au bonheur. Contre toute attente, il reçoit quelques messages de soutien et, en les relisant, Katō reconsidère son projet et prend une grande décision : il va arrêter de fuir ses problèmes et, pour la première fois en trois ans, il retourne chez sa mère pour la confronter.

Arrivé devant la maison, Katō constate que rien n'a changé depuis qu'il est parti. Il sonne, sa mère lui ouvre, mais tous deux gardent le silence. Connaître ses torts est une chose, les reconnaître en est une autre. Ils échangent donc quelques banalités sans parvenir à détendre l'atmosphère et, contre toute attente, c'est finalement sa mère qui fait le premier pas. Elle s'excuse pour ses actions passées, son comportement et la pression qu'elle leur a fait subir à lui et à son frère. Katō est bouleversé par les regrets de sa mère, il n'en attendait pas tant.

Pour la première fois depuis trois ans et peut-être depuis plus longtemps encore, Katō renoue avec sa maman. En ce mois de septembre 2006, elle lui propose même de venir se reposer chez elle, le temps qu'il se reconstruise. Après toutes les punitions endurées quand il était enfant, Katō est surpris que sa mère lui offre du réconfort. Il met sa rancœur de côté et accepte. Sa mère va même financer une partie du permis poids lourd de Katō, afin de lui permettre d'élargir la palette de métiers auxquels il peut postuler en intérim. Peu de temps après, Katō est embauché dans une entreprise de transport à Aomori en tant que chauffeur poids lourd.

Juillet 2007

Cela fait bientôt un an que Katō se ressource chez ses parents. Il a progressivement repris confiance en lui et a enchaîné les petits boulots pour éponger ses dettes. Désormais lorsqu'il rentre le soir, il n'est pas seul, et cette simple idée lui permet de garder le cap. Mais l'heure est venue de reprendre son envol. Il loue un appartement dans la ville d'Aomori et recommence à vivre seul. Tout semble aller pour le mieux, du moins pour un temps. En septembre, Katō sollicite deux semaines de congés, mais sa demande est rejetée. Il décide malgré tout de s'absenter et, sans surprise l'entreprise le licencie sur-le-champ. C'est le début de la rechute pour Katō. Il se retrouve à nouveau sans emploi, endetté, et cette fois il ne peut même plus blâmer sa mère. Katō a encore tout gâché.

En octobre 2007, il tente de mettre fin à ses jours... Heureusement, un policier réussit à le convaincre de ne pas passer à l'acte. Ensuite, Katō s'enferme chez lui, et ne vit plus qu'à travers son blog. Au début, il ne parle que de jeux vidéo ou de voitures, puis il se met à écrire sur des sujets plus intimes. Il parle de sa vie personnelle et du fait qu'il la trouve misérable, il critique la société et tous ces gens qui ont droit au bonheur. Chaque jour ses posts deviennent de plus en plus sombres. Ce qui le frustre le plus, ce n'est pas tant de ne pas avoir réussi que d'être passé à côté de la réussite. Il en avait les moyens, jusqu'à ce que tout s'effondre... Cette colère et ce sentiment d'injustice, qui a mué en rancœur, grandissent de jour en jour. Plus le temps passe, plus Katō se radicalise. Il écrit des choses comme : « Seul dans la réalité, et seul sur Internet, la solitude est épuisante, les gens ne comprennent pas la tristesse des autres, ils doivent mourir : vous, les gagnants de ce monde. » Katō est au bord du gouffre, et un rien peut désormais le faire basculer.

5 juin 2008

Katō a décroché un nouvel emploi. Comme tous les matins depuis une semaine, il se rend au travail et rejoint ses collègues au vestiaire. Il ouvre son casier et ne trouve pas son uniforme... Il est pourtant sûr de l'y avoir rangé la veille, il n'y a pas de raison qu'il ait disparu. Le problème c'est que, sans uniforme, il ne peut pas travailler. Il cherche encore et encore, mais en vain. Ce petit événement, aussi insignifiant soit-il, est la goutte d'eau qui fait déborder le vase. « Qui m'a volé mon uniforme ?! », hurle Katō dans les vestiaires.

Il se saisit des uniformes de ses collègues et les jette par terre. Il les accuse d'avoir caché le sien, suspecte une manœuvre de son patron pour le pousser à démissionner. Katō sombre dans la paranoïa. Puis soudain, il s'arrête et prend conscience de ce qu'il est en train de faire. Il ne s'agit que d'un simple incident, nul besoin de se mettre dans cet état... Une telle réaction est inappropriée, et pourrait entraîner son licenciement. Après la colère, l'anxiété l'avale tout cru. Il ne supporte pas les regards de ses collègues braqués sur lui, alors il s'enfuit sans un mot. De retour chez lui, Katō ne parvient pas à se calmer. Il est rongé par la culpabilité et les remords. Et s'il se faisait virer ? Le patron est-il au courant ? Il s'est absenté sans raison, donc bien sûr qu'il va l'apprendre !

Quelque chose vient de se briser en Katō. Il n'en peut plus de ce cycle sans fin de solitude, de petits boulots, de licenciements, de dettes. Il n'en a plus rien à faire de lui, des autres, du monde entier. Il décide donc de mettre à exécution ce plan qu'il a en tête depuis quelque temps. Il vend son matériel informatique contre un peu d'argent, loue un camion et achète un poignard. Pour l'anecdote, lorsqu'il se renseignait dans le magasin, Katō a mimé au vendeur le fait de poignarder quelqu'un… Ensuite, Katō repère les lieux, repasse plusieurs fois la scène dans sa tête. Ses billets sur le blog deviennent de plus en plus précis. Le passage à l'acte n'est pas loin. Il poste un dernier message depuis son téléphone le 8 juin 2008, alors qu'il est déjà en route pour Akihabara avec son camion :

« Si seulement j'avais une petite amie, je n'aurais pas quitté mon travail. Les gens qui ont de l'espoir ne peuvent pas comprendre ce que je ressens. Moi, je n'ai pas un seul ami et je n'en aurai jamais. Je serai toujours ignoré de tous car je suis moche. Je vaux moins que des ordures, car les ordures, elles au moins, peuvent être recyclées. »

Sur place, face à ce feu rouge entre l'avenue Kanda-Myōjin et l'avenue Chūō du 4e district, à 12 h 32, sa vie et de nombreuses autres vont basculer… Il accélère et fauche cinq passants. Désormais, il ne peut plus faire marche arrière. Quelques dizaines de mètres plus loin, il emboutit son camion dans un taxi et sort du véhicule avec sa dague à la main. Katō s'élance et poignarde une première personne au hasard, puis une deuxième, une troisième et ainsi jusqu'à douze. Il est 12 h 35, cela ne fait que trois minutes que l'attaque a commencé quand un policier intervient. Katō prend la fuite, l'arme toujours à la main. Les passants s'écartent de son chemin, de peur d'être la treizième victime. Le policier rattrape Katō et le met en joue.

– 武器は捨てろ！
(Jette ton arme !)

Ça y est, c'est la fin. Katō le sait et ne résiste pas. Le policier lui passe les menottes et l'embarque. Dans la voiture de police, Katō entend les sirènes des ambulances au loin et, à travers la vitre, il découvre l'étendue de son carnage. Mais pas un regard ne se tourne vers lui. Même après un tel massacre, il reste toujours seul, ignoré du reste du monde.

Le carrefour est maintenant bouclé. Il y a du sang partout sur la chaussée et la plupart des corps sont inertes. Malgré l'intervention éclair des forces de l'ordre et des secours, le bilan de l'attaque est lourd. Cinq personnes sont mortes sur le coup, deux sont décédées à l'hôpital et dix sont gravement blessées.

LE JUGEMENT

Le massacre d'Akihabara résonne de manière particulière à travers le Japon. Le blog de Katō est disséqué et commenté sur la Toile et, sans excuser ses actes, nombres d'internautes comprennent la détresse du meurtrier. Ce sentiment de n'avoir personne sur qui compter, de ne compter pour personne, de n'être personne.

La justice, elle, porte évidemment un regard bien différent sur la question. Le 24 mars 2011, Katō Tomohiro est condamné à mort. Il essaiera d'alléger sa peine en faisant appel, mais la préméditation de son acte scelle son sort. Il n'a pas agi sur un coup de tête. Ce carnage, il l'a sciemment préparé des jours à l'avance. Katō Tomohiro attend aujourd'hui son heure dans le couloir de la mort.

Les répercussions de cette tuerie sont désastreuses. Nombre de jeunes se sentant seuls et s'identifiant à Katō Tomohiro ont, après lui, décidé de passer à l'acte en poignardant des inconnus ou en les poussant sous un train. Sa famille, également, n'en sortira pas indemne. La mère sombrera dans la dépression et fera plusieurs séjours à l'hôpital. Quant à son frère cadet, il se donnera la mort, la vie en tant que petit frère d'un assassin étant trop dure à supporter.

Junko Furuta, l'étudiante suppliciée

Mars 1989

La police scientifique fait irruption dans l'arrondissement de Kōtō, dans l'est de la capitale japonaise, et boucle immédiatement le périmètre. La scène est brumeuse, presque fantomatique. Afin de ne pas contaminer d'éventuelles preuves, les experts s'équipent : gants, longue combinaison blanche, bottes en caoutchouc. Les flashs des appareils photo crépitent, rien ne doit être laissé au hasard…

Très vite, tous les regards se tournent dans la même direction. À quelques mètres à peine, la composition du sol semble différente et délimite un espace qui n'a rien de naturel. Les experts se mettent à creuser avec prudence, couche après couche, quand soudain, un morceau de métal apparaît. Pour les enquêteurs, cela ne fait aucun doute : ils ont trouvé ce qu'ils cherchaient. Quelques minutes plus tard, l'équipe extrait un large baril rempli de ciment. Il est lourd. Lourd comme un cercueil.

LES FAITS

L'ombre des yakuzas plane au-dessus de cette affaire. Ceux que l'on présente le plus souvent dans la culture populaire comme les membres d'organisations mafieuses japonaises sont en réalité des businessmen agressifs contrôlant des quartiers entiers et n'hésitant pas à faire commerce de produits illégaux. Ils ont connu leur âge d'or dans les années 1980 ; la législation a permis de réduire leur influence aujourd'hui. À l'époque, la simple évocation du nom d'un clan pouvait faire frémir. Pourtant, dans leur code de conduite, il est interdit de tuer des *katagis,* des personnes non yakuzas. Malheureusement, il arrive que les membres les plus jeunes et les plus fougueux transgressent cette limite pour impressionner leurs supérieurs. C'est ce qui est arrivé aux dépens d'une jeune lycéenne du nom de Junko Furuta.

Junko habite à Misato, la ville où elle est née, dans la préfecture de Saitama. Elle est brune, les cheveux légèrement bouclés, et souriante. Élégante, douée en classe, populaire auprès des garçons et des filles, elle se démarque surtout par sa gentillesse. Issue d'un milieu modeste, elle travaille à mi-temps pour financer ses études. Un tableau idyllique, me direz-vous, mais apparemment pas du goût de tout le monde…

Le 25 novembre 1988, Junko pédale sur son vélo, seule dans la nuit. L'hiver approche, l'air est frais et l'atmosphère semble calme… Au loin des bruits de moteur viennent rompre le silence, ce sont des *bōsōzokus*, de jeunes motards qui s'amusent de manière plus ou moins légale en profitant de l'anonymat de la nuit. La lycéenne sait qu'elle doit rester la plus discrète possible et, spontanément, elle se met sur le bas-côté pour leur laisser le passage. Pourtant, un des phares semble braqué sur elle et le bruit du moteur se rapproche. Junko se décale à nouveau, mais la lueur menaçante se réaligne sur elle. Elle s'écarte encore, puis une autre fois, puis… La moto la percute violemment et Junko se retrouve projetée quelques mètres plus loin ! Aucun doute possible, le *bōsōzoku* a délibérément foncé sur la jeune femme avant de poursuivre sa course dans les ténèbres. Le vrombissement du moteur s'éloigne, laissant place à de mystérieux bruits de pas.

– 大丈夫 ? 痛くない ?

(Tu vas bien ? Tu n'as pas eu mal ?)

Un jeune homme, témoin de la scène, est venu l'aider à se relever. Il a vu la jeune fille se faire renverser et, en bon Samaritain, il s'est précipité à son secours. Ce garçon, Junko Furuta le reconnaît, c'est Miyano, ils sont dans le même lycée. Miyano lui propose alors de la raccompagner chez elle, il ne voudrait pas qu'il lui arrive à nouveau quelque chose...

Junko le remercie, accepte sa proposition, et tous deux se mettent en route. Alors qu'ils cheminent ensemble, Miyano demeure silencieux. La lycéenne n'est pas très rassurée : il fait nuit noire et le jeune homme serre de plus en plus fort son bras. Au bout d'un moment, elle lui glisse, gênée, que cela lui fait mal, mais Miyano ne répond pas. Elle lui demande de la lâcher, mais là encore le jeune homme reste muet. À cet instant, Junko ne peut pas se douter de ce qui va lui arriver… Comment le pourrait-elle ?

Brusquement, Miyano l'attire vers un bâtiment puis la projette au sol. En relevant la tête, Junko constate avec stupeur qu'elle se trouve à l'entrée d'un entrepôt désaffecté. Une lourde porte en métal se referme bruyamment derrière elle. Lorsqu'elle se retourne, la lumière des lampadaires filtre à travers les fenêtres de l'étage et éclaire le visage de Miyano qui affiche une expression qu'elle ne lui connaissait pas. Une expression que Junko aurait voulu ne jamais voir…

Pour comprendre ce qui se passe dans la tête de l'adolescent, il faut remonter plusieurs mois en arrière. Miyano n'est pas ce que l'on peut appeler un bon élève. C'est un garçon au visage dur avec les cheveux coupés court, presque rasés. C'est sa dernière année de lycée, mais depuis quelque temps il ne fait plus qu'acte de présence en classe. Son esprit est ailleurs. Il y a deux semaines, un yakuza l'a approché pour l'enrôler, estimant que Miyano a du potentiel.

Enivré par les maigres responsabilités qu'on lui confie, Miyano n'a depuis plus qu'une idée en tête : être reconnu par ses supérieurs comme l'un des leurs. Pour y parvenir, il doit leur montrer qu'il n'a pas froid aux yeux. Il n'est d'ailleurs pas le seul à avoir été approché. Trois de ses « amis » sont également au service des yakuzas : Ogura, Watanabe et Minato, qui n'est autre que le motard qui vient de renverser Junko Furuta. Vous comprenez désormais ce qui s'est passé… L'accident causé par Minato, Miyano qui accourt pour porter secours à Junko, tout cela n'était qu'une mise en scène. C'était l'idée de Miyano pour gagner la confiance de la lycéenne. S'en prendre à quelqu'un de sa classe est risqué, surtout au Japon, et il y a de grandes chances que cela attire l'attention. Mais Miyano ne s'en soucie guère. Cette fille courageuse, belle et populaire, qui a toujours refusé ses avances l'a blessé dans son orgueil et l'heure est venue pour lui de se venger.

***

Un homme proche de la cinquantaine, les cheveux grisonnants, fait les cent pas au milieu de son salon. « Ce n'est pas possible ! », répète-t-il en boucle. Sa femme, assise un peu plus loin, tente de garder son calme. Nous sommes chez les parents de Junko. Cela fait quarante-huit heures qu'ils n'ont plus de nouvelles de leur fille, et ils viennent à l'instant de recevoir un appel de l'école pour les informer qu'elle ne s'est pas présentée non plus au lycée depuis deux jours. Plus de doute, il faut prévenir la police.

– こんばんは三郷警察署です。何の御用ですか？

(Bonsoir. Commissariat de police de Misato, que puis-je faire pour vous ?)

– こんばんは、私たちの娘がいなくなりました。

(Bonsoir, je viens signaler la disparition de ma fille.)

– はい、わかりました。最後に会ったのはいつでしたか ？

(D'accord, monsieur. Est-ce que vous pourriez me dire quand vous l'avez vue pour la dernière fois ?)

Le père de Junko a-t-il tardé à contacter les forces de l'ordre ? On pourrait légitimement s'interroger. Peut-être ne voulait-il pas les déranger pour une simple disparition ? Cette volonté de ne pas déranger ou créer des problèmes est très répandue au Japon mais, dans ce cas précis, elle était inopportune et regrettable.

***

Cela fait maintenant six jours que Junko a disparu, et ses parents sont rongés d'inquiétude. Les nuits sans sommeil ont creusé les traits de leur visage. C'est bien simple, personne ne semble avoir aperçu Junko depuis qu'elle a quitté son travail la semaine passée. Soudain, le téléphone sonne. Le père se saisit du combiné, pensant entendre la voix d'un policier, mais c'est une voix familière qui lui parvient.

– パパ _?
(Papa ?)

Un frisson le foudroie. C'est sa fille. Elle semble calme, bien qu'un peu fébrile. Sans attendre, il l'inonde de questions : « Où es-tu ? Tout va bien ? Qu'est-ce qui t'a pris de disparaître comme ça ?! » La mère se précipite à ses côtés. Le silence qui suit semble durer des heures pour les deux parents.

– 私は大丈夫。彼氏と家出しただけ。警察に私のことを探さなくていいと言って。もう _二度と家には _戻らない。
(Je vais bien, j'ai juste fugué avec mon petit copain. Dites à la police d'arrêter de me chercher. De toute façon, je ne compte pas revenir.)

Un véritable coup de poignard dans le cœur des parents de Junko. Le père, furieux, commence par réclamer des explications. Mais sa fille répète inlassablement qu'elle va bien et qu'elle souhaite juste faire sa vie loin d'eux. La mère tente de tempérer la colère de son mari : après tout, l'essentiel est que Junko soit saine et sauve, répète-t-elle.

Plusieurs minutes s'écoulent. Junko insiste pour que la police abandonne les recherches. Mais pourquoi ? Cela n'a pas de sens ! Les parents veulent comprendre. Ils pressent leur fille de questions… Mais la jeune femme vient de raccrocher. Son père contacte alors immédiatement la police pour la prévenir. Au Japon, les disparitions ne sont souvent pas prises au sérieux, et encore moins quand il s'agit d'une adolescente en fugue. Après avoir rassuré les parents, le policier se saisit de son tampon et l'abat lourdement sur le dossier de Junko Furuta : AFFAIRE CLASSÉE.

À présent, plus personne n'est à sa recherche. Ses parents la croient avec un mystérieux petit ami et la police a bien vite abandonné l'affaire. Ils sont tous loin de s'imaginer ce qui est en train de se passer à cet instant, à quelques kilomètres de la maison des Furuta… Mais revenons au soir de l'accident, le 25 novembre 1988.

***

Miyano vient d'enfermer Junko à l'intérieur de l'entrepôt. Il explique à la jeune fille les détails de son plan, révélant son caractère froid et manipulateur. Junko comprend alors qu'elle est tombée dans un piège et recule instinctivement pour mettre de la distance entre elle et son ravisseur. Alors qu'elle s'apprête à appeler à l'aide, Miyano l'interrompt.

– 叫ぶな。
(Je te déconseille de crier.)

Ces paroles ont l'effet d'une bombe dans le cerveau de la jeune lycéenne. Miyano, le regard lubrique et empli de perversité, entreprend alors d'explorer le corps de Junko qui, en plein état de sidération psychique, se révèle incapable de crier… C'est le début du calvaire pour Junko Furuta.

***

Profitant de la confusion et du traumatisme de la jeune fille, Miyano l'a installée dans une chambre d'hôtel bon marché. Recroquevillée sous une couette, Junko entend Miyano au téléphone sans pour autant parvenir à saisir ses propos. Un mot lui parvient, qui la glace d'horreur : yakuza.

Miyano se vante de ses récents exploits. Ses camarades semblent apprécier. Mais quel genre d'homme peut s'amuser du récit d'un viol sinon celui qui en a déjà commis ? Ogura et Watanabe, les amis de Miyano, sont coutumiers du fait en dépit de leur jeune âge. Miyano leur confie qu'il compte relâcher la fille maintenant qu'il en a terminé avec elle. Mais Ogura et Watanabe ne l'entendent pas de cette oreille… Eux aussi veulent en profiter ! Miyano conduit donc la jeune fille jusqu'à ses amis. Les quatre délinquants se retrouvent dans un parc non loin de l'hôtel. Il est 3 heures du matin, l'air est froid, et Miyano arrive fièrement avec Junko. Une fois réunis, ils commencent par la menacer.

– 黙れ！君の家族に何かあってもいいのか？ 俺たちヤクザ知ってるんだぜ！

(Si tu ne veux pas qu'on envoie nos potes yakuzas buter ta famille, t'as intérêt à la fermer !)

Ils ont en effet récupéré l'adresse de la jeune fille dans le carnet scolaire qu'elle avait sur elle. Junko, résignée, ne dit pas un mot et décide de les suivre pour protéger les siens. Les quatre bourreaux l'emmènent alors chez Minato, le motard responsable de l'accident de Junko. Cet endroit est le repaire des apprentis yakuzas. Là-bas, ils montent à l'étage et font à nouveau subir des sévices à Junko.

***

Après plusieurs jours de séquestration, Miyano semble détendu. Au petit matin, il fume paisiblement une cigarette sur le balcon de leur repaire tout en regardant par la porte-fenêtre le corps blessé de Junko Furuta, allongée à même le sol. La chambre dans laquelle elle se trouve est petite et donne sur l'extérieur, typique des chambres à l'étage des maisons japonaises. Il rentre et écrase sa cigarette sur le crâne de Junko. Celle-ci se réveille en sursaut avec un cri de douleur. Miyano ne daigne même pas la regarder et referme la porte derrière lui.

À l'école, les rumeurs vont bon train. Installé nonchalamment à son pupitre, Miyano ne peut s'empêcher de tendre l'oreille. Depuis plusieurs jours, la belle Junko Furuta est portée disparue et ses parents auraient prévenu la police. Le jeune homme tique en entendant ces mots. Les yakuzas ont l'habitude de duper ou d'acheter les forces de l'ordre. Alors, s'inspirant de ses maîtres, et plutôt que de paniquer, il établit une stratégie. Et s'il forçait Junko à appeler ses parents pour les rassurer et les convaincre d'abandonner les recherches ?

– 私は大丈夫。彼氏と家出しただけ。警察に私のことを探さなくていいと言っ _て。もう二度と家には _戻らない。

(Je vais bien, j'ai juste fugué avec mon petit copain. Dites à la police d'arrêter de me chercher. De toute façon, je ne compte pas revenir.)

Junko prononce ces mots contre sa volonté depuis une cabine téléphonique. Sa raison lui dicte d'appeler à l'aide, mais elle connaît la menace qui plane au-dessus de sa famille. Il est tard quand elle raccroche. Miyano a fait bien attention de ne croiser personne sur le chemin entre son repaire et la cabine publique. Il est fier de son coup. Grâce au chantage, il a transformé la lycéenne en petite marionnette obéissante. Voilà Junko revenue dans la tanière de ses ravisseurs tandis que ses parents, désormais convaincus qu'elle a fugué, sont en train d'appeler la police pour faire cesser les recherches…

***

Nous sommes début décembre. Cela fait plusieurs semaines que Junko est séquestrée dans le repaire des délinquants. Son corps, mutilé, est bien mal en point, mais elle est encore consciente. Allongée et attachée sur le sol de la chambre à l'étage, Junko se tortille dans tous les sens… et parvient à défaire ses liens ! Une chance pour elle, les délinquants, qui ont quitté les lieux quelques heures auparavant, ont oublié de fermer la porte à clé. Junko rassemble donc ses forces et descend l'escalier pour atteindre le téléphone fixe. Elle compose frénétiquement le numéro de la police. Une sonnerie, puis une deuxième… Pourquoi ne décrochent-ils pas plus vite ?! Allez…

– 何してるんだ　てめい !

(Tu fais quoi, toi !)

Miyano vient de faire irruption dans la maison et s'est tout de suite précipité vers Junko. La jeune fille tourne la tête vers son agresseur, son regard se vide. Tous ses espoirs s'envolent, et elle comprend qu'elle va payer le prix fort pour avoir tenté d'appeler les secours. Si seulement la police avait décroché plus vite, si seulement…

Durant ce calme après-midi de décembre, des cris effroyables résonnent dans tout le quartier, sans susciter de réaction de la part du voisinage. Cette fois-ci, les quatre bourreaux sont allés jusqu'à brûler Junko. De sa peau se dégage une odeur insoutenable. Par miracle, si on peut encore parler de miracle, Junko Furuta survit à ses blessures. Dès lors les garçons cessent de lui faire subir des sévices sexuels, mais pas les autres formes de violence. Quelques jours plus tard, ils kidnappent une autre fille pour assouvir leurs pulsions sexuelles.

Un soir, Miyano rentre chez Minato, il est de mauvaise humeur suite à une partie de mah-jong au cours de laquelle il a perdu beaucoup d'argent. Il réunit ses trois compagnons. Ensemble ils montent les marches de l'escalier quatre à quatre et pénètrent dans la chambre de Junko. Le cœur de la jeune fille bat encore, mais son âme, elle, s'en est allée depuis bien longtemps. Je vous épargne les détails de ce que les ravisseurs de Junko lui font encore subir pendant plus de deux heures… Sachez simplement que Junko finit par succomber à ce déferlement de violence.

C'est la fin du calvaire pour Junko, et le début de la fin pour les quatre garçons. Alors que cela fait plus de vingt-quatre heures que Junko est inerte, ils prennent conscience de la réalité. La mort… la vraie… en face d'eux. Soudain une panique vertigineuse s'empare des apprentis yakuzas. Une sueur froide perle sur leurs fronts : au Japon, les meurtriers sont passibles de la peine de mort…

Miyano prend alors la décision d'emballer le corps et de le placer dans un bidon vide qu'ils remplissent ensuite de ciment avant de le dissimuler à l'abri des regards. Les membres du gang respirent, ils ont évité le pire. C'est en tout cas ce qu'ils croient…

***

Miyano est seul dans une petite pièce froide. Il est assis sur une chaise inconfortable et ses mains sont posées sur une table métallique. En face de lui, une chaise vide et une porte fermée. Miyano est agité, mal à l'aise. La porte s'ouvre, un homme en uniforme entre et s'installe en face de lui.

Miyano ne peut soutenir le regard de son interlocuteur. En quelques secondes, il est redevenu un adolescent lâche et peu sûr de lui. Les yeux baissés, il reste silencieux. L'officier prend la parole :

– どうせ　オグラが全部バラしたから、全てを知っている。
(Tu ferais mieux d'avouer… Ton pote Ogura t'as déjà balancé de toute façon. On sait tout.)

Comment cela ? Ogura l'aurait balancé ? Miyano est terrorisé. À quoi bon garder le silence si les autres ont déjà parlé ? Son cerveau tourne à mille à l'heure. Il bafouille quelques mots puis finit par tout avouer. Il raconte toute l'histoire dans les moindres détails. L'enlèvement, l'appel téléphonique aux parents, la torture et la dissimulation du corps. Le policier reste de marbre, alors qu'en vérité, Ogura n'a encore rien dit… Sans parler du fait qu'il n'a aucune idée de qui est cette Junko Furuta ! Tout cela est un gigantesque quiproquo. Miyano pense être interrogé pour le meurtre de Junko Furuta, mais la police s'intéresse à lui pour le kidnapping de cette autre fille que le groupe a enlevée après avoir perdu tout intérêt sexuel pour Junko. L'officier comprend alors qu'il vient de mettre au jour une affaire monstrueuse.

La police scientifique se rend sur les lieux indiqués par le délinquant. Le corps de la victime serait, selon ses dires, enfoui dans ce terrain vague. Après de longues heures de recherche, les experts découvrent le corps d'une jeune fille qu'ils identifient comme étant celui de Junko Furuta. Les quatre adolescents sont arrêtés. Si Miyano n'avait pas cédé sous la pression et sans ce quiproquo, le meurtre de Junko Furuta serait resté impuni…

Les obsèques de Junko Furuta ont lieu le 2 avril 1989 et rassemblent une foule nombreuse. Ses camarades de classe lui remettent son diplôme de fin de lycée à titre posthume.

L'heure est maintenant venue de juger les coupables.

LE JUGEMENT

Au Japon, une loi interdit à la cour de divulguer l'identité des criminels lorsqu'ils sont mineurs, mais un journal, le *Shūkan Bunshun*, enfreint la règle et révèle les noms des quatre agresseurs qui ont torturé pendant quarante jours la jeune Junko Furuta.

Les quatre garçons étant mineurs (la majorité est à vingt ans au Japon), ils ne peuvent encourir à la peine de mort, ils sont donc condamnés à des peines de prison – jugées bien légères par l'opinion publique – de vingt ans pour Miyano, neuf ans pour Minato, huit ans pour Ogura et sept ans pour Watanabe. La mère de Miyano sera obligée de vendre la maison familiale pour payer les dettes de son fils qui s'élèvent à 400 000 euros.

Malheureusement, si certains d'entre eux en ont tiré une leçon, d'autres se sont vantés des horreurs qu'ils avaient commises en sortant de prison. Ogura a repris ses actes de violence, dépensé l'argent qui devait être versé en dédommagement à la famille Furuta, et sa mère a même saccagé la tombe de Junko… Cette affaire a terrifié et marqué l'histoire du Japon, suscitant l'écriture de nombreux livres, mangas et films. Elle a aussi marqué un tournant : la justice japonaise a depuis décidé que les mineurs, selon les circonstances, n'échapperaient plus systématiquement à la peine de mort.

Au-delà de l'horreur des faits, le cas des parents de Minato interpelle. Comment pouvaient-ils ignorer ce qui se passait sous leur propre toit ? En réalité, ils subissaient la pression de leur fils. S'ils avaient divulgué la moindre information à la police, Minato les aurait tués. Mais que penser alors du voisinage ? Pendant des semaines, Junko Furuta a été torturée, hurlant à gorge déployée sans que personne dans ce quartier résidentiel ne l'entende ? Difficile à croire tant les murs des bâtisses sont fins et l'isolation phonique désastreuse. Malgré cela, personne n'est intervenu ni n'a appelé la police. Pas un seul signalement durant plus de quarante jours. Si vous voulez mon avis, ce sont plus de trois cents personnes qui étaient au courant de la détention et du supplice subi par Junko Furuta…

Masumi Hayashi, l'empoisonneuse au curry

Ce 25 juillet 1998, dans la ville de Wakayama, l'air est lourd et la chaleur pesante, typique des étés japonais. C'est l'ouverture du festival d'été dans le quartier, et l'ambiance est à la fête. Dans les allées, de nombreux stands servent des plats typiques du Japon : nouilles sautées, *takoyakis,* bonbons ou encore curry. Les odeurs ravissent l'odorat des passants, et on peut entendre l'huile qui crépite sur le feu. Mais il n'y a pas que de la nourriture, les espaces de divertissement ne manquent pas : jeux pour enfants, stands de tir ou de lancer d'anneaux, etc.

La fête bat son plein et tout le monde semble passer un bon moment. Lorsque le soleil se couche, les lumières du festival s'illuminent et confèrent au lieu une atmosphère encore plus féerique. Au loin, les premiers feux d'artifice retentissent dans le ciel. C'est beau, magnifique même. Pourtant, un autre bruit se mêle à ces détonations, plus proche et plus sourd, répétitif, auquel s'ajoutent des gémissements. C'est le son produit par les corps des hommes et des femmes qui s'effondrent au sol un à un en se tenant le ventre, en proie à une douleur effroyable. La fête tourne au cauchemar, et les plus observateurs remarquent que chacune des personnes touchées tenait dans ses mains une assiette de curry…

– カレー、ストップ !

(Arrêtez de vendre ce curry !)

Tous les yeux se tournent alors vers la responsable du stand. Mince… Ils auraient dû se méfier d'elle... Il s'agit de… Hayashi Masumi. Ce nom ne vous dit sûrement pas grand-chose. Pourtant, pour les Japonais, il résonne encore aujourd'hui ! Récemment, cette affaire a même refait parler d'elle. Chaque nouvel élément rappelle que l'être humain n'est pas foncièrement bon. Comment savoir qui se cache derrière ce voisin a priori gentil et souriant ? Les apparences sont souvent trompeuses, particulièrement au Japon, où il est commun de dissimuler ce que l'on pense. Certains y verront une forme d'hypocrisie, les Japonais préfèrent parler de *tatemae*. Un terme qui regroupe l'ensemble des pratiques visant à sauver la face pour mieux s'intégrer et se fondre dans le moule. Que va-t-on raconter ? Que vont-ils penser ? Comment réagiront-ils ? Autant de questions que se posent en permanence les Japonais. L'affaire qui suit illustre bien l'importance de ces principes d'honneur et de réputation. Mensonge, harcèlement, arnaque et trahison se succèdent dans cette histoire, où chaque événement pose les bases du suivant, aboutissant à l'inévitable tragédie…

LES FAITS

Au festival d'été, les lumières des véhicules de secours ont remplacé les feux d'artifice. De nombreuses personnes, des adultes mais aussi des enfants, souffrent de violents maux de ventre, et certains ont même perdu connaissance. Le temps presse. Le bal des ambulances semble ne jamais devoir s'arrêter, et en ce samedi soir l'hôpital de la ville de Wakayama va accueillir jusqu'à 67 nouveaux patients. Bien au-delà de ses capacités… Pendant ce temps, la rumeur gronde et les regards se tournent vers la responsable du stand de curry.

– 林　真澄美がやったんじゃない！

(C'est Hayashi Masumi qui est à l'origine de tout ça.)

– そうよ！絶対あの人だよ。しょっちゅう迷惑かけて！

(Oui, c'est sûr, elle ne nous cause que des problèmes, celle-là !)

Hayashi Masumi, elle, reste silencieuse. C'est une femme un peu ronde, la quarantaine, les cheveux mi-longs et la mine sombre. Les sirènes de la police se rapprochent. Sans surprise, les policiers évoquent une intoxication alimentaire.

Les agents commencent à récolter, un à un, les témoignages au milieu d'une foule agitée et meurtrie. Qu'ont-ils vu ? Que savent-ils de l'incident ? Très vite, leurs soupçons s'orientent sur la fameuse marmite de curry. Reste à savoir qui a préparé ce plat, et là, c'est compliqué… Beaucoup de monde a participé à l'organisation du festival. Entre l'achat, la découpe des légumes, la cuisson, le riz et le service, c'est facilement une dizaine de personnes qui ont contribué à cuisiner ce curry. Pourtant, l'étau se resserre peu à peu autour de Hayashi Masumi.

– アイツがやったんだ ！

(C'est elle la responsable !)

Une jeune fille vient de hurler ces mots en pointant du doigt Hayashi Masumi. Elle affirme avoir vu la femme rôder autour de la marmite de curry pendant la cuisson. Bientôt, la foule reprend en écho :

– そうだ！

(Oui c'est vrai, elle a raison !)

Hayashi Masumi, qui n'avait pas prononcé un seul mot depuis le début de l'incident, prend enfin la parole. Elle réfute ces allégations, elle n'est pas la seule à avoir préparé ce curry, à ce qu'elle sache. D'autres ont très bien pu empoisonner la nourriture ! Cette accusation lui semble injuste et sans fondement, et en un sens, elle a raison. Personne ne l'a vue verser quoi que ce soit dans le curry. Cela pourrait très bien être un coup monté par les habitants du quartier pour la faire accuser à tort. Mais Hayashi Masumi est loin de faire l'unanimité, et cette piste n'est donc pas à écarter. Consciente que la situation lui échappe, la police tente de rétablir le calme. Après tout, il s'agit peut-être d'une simple intoxication alimentaire. La scientifique prélève néanmoins quelques échantillons afin de les faire analyser…

Pendant ce temps-là, à l'hôpital de Wakayama, ce qui était censé être une nuit banale s'est transformé en cauchemar. Les patients arrivent, toujours plus nombreux, excédant de loin les capacités d'accueil de l'établissement. Le personnel se presse au chevet des plus vulnérables. D'après les maigres informations dont ils disposent, il s'agirait d'une intoxication alimentaire massive. Les lavages d'estomac s'enchaînent et une odeur infecte de bile commence à se répandre. Ne pouvant plus supporter cette odeur, certains se mettent à vomir dans les couloirs sans que personne ne prenne le temps de nettoyer. Il y a plus urgent…

– 息を吸ってくれ !

(Respire ! Allez, respire ! Respire !)

Trois urgentistes s'affairent autour d'un brancard sur lequel est allongée une petite fille inanimée depuis plusieurs minutes. Ils prennent son pouls. Rien… Ils tentent un premier choc électrique, puis un deuxième et un troisième, sans succès. L'enfant de dix ans vient de mourir à l'hôpital de Wakayama. Alors que la nuit touche à sa fin, c'est l'heure des comptes pour le personnel. Sur les 67 personnes hospitalisées, quatre sont mortes : deux adultes, une lycéenne de seize ans et la fillette de dix ans. Les médecins sont formels : il ne peut s'agir d'une simple intoxication alimentaire. Quelque chose de bien plus dangereux a dû être versé dans ce plat… Une intuition confirmée par le laboratoire. La police a retrouvé de l'arsenic et du cyanure dans le curry, des résultats corroborés par l'autopsie réalisée sur les corps des défunts. Pire encore, la quantité d'arsenic découverte est affolante : on l'estime à près de un kilo ! Suffisamment pour tuer une centaine de personnes.

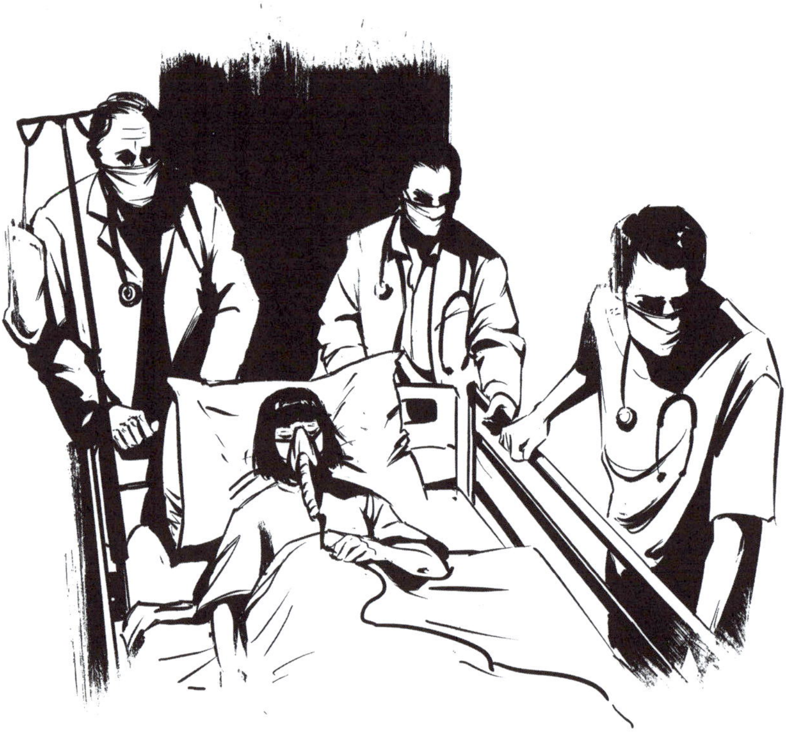

À partir de là, il ne s'agit plus d'un simple accident, mais bien d'assassinats à l'aveugle. Tous les soupçons convergent vers Masumi Hayashi, mais la police n'a aucune preuves pour l'arrêter. Pourquoi une telle défiance vis-à-vis de cette femme ? Pourquoi la foule semble-t-elle l'accuser elle, et pas une autre ? Parce que certaines personnes dans le quartier savent que Masumi Hayashi n'en est pas à son coup d'essai en matière d'empoisonnement. Loin de là. Pour le comprendre, revenons quelques années en arrière.

***

– やめて !

(Arrête !)

Ce cri, c'est celui d'une femme en train de se faire battre. La malheureuse se couvre tant bien que mal le visage, pas seulement pour se protéger, mais aussi par crainte des rumeurs qui pourraient advenir si ses voisins la voyaient avec des marques sur le visage. Cette femme, vous la connaissez, c'est Masumi Hayashi. Elle s'est mariée très jeune avec Kenji, un homme plus âgé. Tout allait pour le mieux lorsqu'ils se sont rencontrés, ils ont même eu deux enfants. Mais depuis que l'entreprise de Kenji a fait faillite, tout a changé. Lui qui était si bien vu par le voisinage rentre maintenant alcoolisé échaque jour, les poches vides, après avoir dépensé le maigre salaire de sa femme. Un soir, parce qu'il n'a pas pu jouer autant qu'il le souhaitait, il lui reproche même de ne pas gagner plus d'argent, et se met à la frapper. Masumi est à terre, immobile, protégeant sa tête de ses mains. Les coups s'arrêtent et Kenji quitte la pièce. Masumi se relève et reprend ses esprits. Elle est perdue. Comment sortir de cette spirale infernale ? Si seulement son mari pouvait retrouver un emploi, elle pourrait alors vivre en paix avec lui, et ils seraient à nouveau aimés de tous ! De son côté, allongé dans le lit familial, Kenji ressasse les mêmes pensées. Il s'en veut : d'être devenu violent, de boire, de jouer… De tout ce qu'il fait pour extérioriser sa colère et sa frustration. Il va alors prendre une décision lourde de conséquences. Il va gagner de l'argent, beaucoup d'argent, mais en utilisant ses anciennes méthodes...

***

Un homme à moto fonce dans les rues de Wakayama, mais son comportement est pour le moins étrange. Depuis plusieurs minutes, le motard fait des allers et retours comme s'il cherchait son chemin ou qu'il attendait quelqu'un, quelque chose. Il poursuit son manège quand soudain, une voiture le percute ! Le motard est projeté en l'air et retombe lourdement sur le bitume. Le conducteur s'empresse de sortir de son véhicule pour aller lui porter secours. L'ambulance arrive. Chez les Hayashi le téléphone sonne. C'est Masumi qui décroche.

– もしもし、和歌山病院です。旦那さんがオートバイで怪我をしました。早く病院に _来て下さい！

(Bonjour, ici l'hôpital de Wakayama. Votre mari a eu un accident de moto, venez vite !)

Masumi panique. Elle prend ses affaires et fonce vers l'hôpital. Une fois arrivée sur place, elle découvre son mari dans un piteux état. Elle l'embrasse et le serre dans ses bras. Kenji la rassure en lui disant que tout va bien... que tout ira bien désormais. Masumi, en larmes dans les bras de son mari, se redresse : pourquoi Kenji lui dit-il ça ? Il lui confie alors qu'il a causé l'accident pour toucher l'argent de l'assurance. Il a délibérément choisi de percuter une voiture de luxe pour obtenir le maximum d'indemnités. En écoutant son mari, Masumi comprend qu'il n'en est pas à son coup d'essai et, en effet, elle découvre qu'il a déjà fait six ans de prison ferme pour arnaque à l'assurance. Les questions se bousculent dans sa tête : que se passerait-il si la supercherie était découverte ? Qu'en penserait les voisins de son quartier ? Ils leur tourneraient probablement le dos... Mais elle sait à quel point sa famille manque d'argent ; l'indemnité devrait s'élever à 20 millions de yens, soit 160 000 euros, alors elle ne dit rien et se laisse convaincre...

Kenji poursuit ses petites arnaques et, au fil du temps, les Hayashi se refont une santé financière. Masumi prend goût à l'argent facile, elle voit désormais en Kenji un héros. Ce dernier lui explique ses différentes combines et, très vite, la jeune épouse se prend au jeu. La première fois, à vélo, elle fonce dans un barbecue et s'effondre par terre en hurlant de douleur. Les braises lui ont brûlé le pied et, malgré ses chaussures, elle a des cloques, des cloques qu'elle avait déjà avant l'accident, bien sûr… Pour ses supposées blessures, Masumi reçoit 5 millions de yens d'indemnités, soit 40 000 euros.

Avec l'afflux d'argent, l'orage s'éloigne et la famille Hayashi retrouve le bonheur. Le couple donne naissance à deux autres enfants et achète une grande et belle maison qui fait la fierté de Masumi, bien heureuse de pouvoir impressionner ses voisins. Pourtant, des rumeurs commencent à circuler à leur propos. Comment ont-ils pu se payer une si belle demeure ? Le mari ne semble pas travailler… Mise au fait de ces ragots, Masumi soigne son image auprès des habitants du quartier, mais cela ne l'empêche pas de poursuivre les arnaques à l'assurance. Maintenant que son train de vie a changé, elle doit continuellement trouver de nouvelles astuces et de nouveaux moyens pour amasser toujours plus d'argent. C'est comme ça que, progressivement, l'élève dépasse le maître. Ce n'est plus Kenji, mais Masumi qui tire les ficelles désormais, et cette fois, elle a une idée, une idée qui leur permettrait de toucher d'un seul coup énormément d'argent.

***

– 冗談じゃないよ！

(C'est inadmissible !)

Masumi est au tribunal. Face à elle se trouvent les représentants de la compagnie des eaux de la ville. Elle les accuse de les avoir intoxiqués, elle et son mari. En effet, on a retrouvé des traces d'arsenic dans l'eau du robinet qu'ils ont consommée, ayant provoqué chez eux de violentes douleurs. Ils ont donc décidé d'attaquer la compagnie des eaux en justice pour obtenir réparation. La cour, sensible à ce genre de cause : une honnête famille japonaise face à un puissant groupe industriel, condamne l'entreprise à dédommager les Hayashi.

En réalité, vous vous en doutez maintenant, tout cela n'est qu'une vaste supercherie. Masumi a réussi à se procurer le poison qu'elle a ensuite injecté dans leurs conduites d'eau pour prouver que l'arsenic venait bien des canalisations. Pour le couple, c'est le jackpot ! Avec l'argent, ils rénovent leur belle maison et affichent encore plus ostensiblement leur richesse aux yeux des voisins. Mais à trop jouer avec le feu, on finit par se brûler. À force d'utiliser des produits chimiques néfastes pour la santé, Kenji tombe malade. Qu'à cela ne tienne, Masumi y voit une opportunité. C'est désormais une petite rente qui tombe chaque mois pour la famille.

Quelque temps plus tard, la mère de Masumi décède, laissant derrière elle une belle assurance vie de 140 millions de yens pour sa fille, soit plus de un million d'euros. Masumi n'en revient pas : ça y est, c'est terminé, elle n'aura plus jamais à escroquer les assurances. Le destin semble sourire à la famille Hayashi. Mais les rumeurs sur Masumi et sa famille se sont intensifiées et leurs enfants en font désormais les frais.

– 君の母は魔女だ！

(Ta mère est une sorcière !)

Au Japon, dans les années 1990, le harcèlement à l'école est encore monnaie courante. Il est habituel qu'un bouc émissaire soit désigné dans chaque génération d'élèves. Tous les jours, les enfants de Masumi sont confrontés à ce genre de réflexion, mais celle qui en pâtit le plus, c'est la fille aînée de la famille, que l'on appellera Mari. Depuis maintenant un an, elle rentre chaque jour des cours en larmes. Masumi tente vainement

de la consoler et de la rassurer, puis décide d'agir concrètement. Elle propose aux mamans des élèves de se réunir, mais celles-ci l'ignorent. Elle fait pression auprès des enseignants, qui ne l'écoutent guère plus. On ne connaît pas précisément les raisons qui ont poussé Masumi Hayashi à empoisonner ses voisins, mais le harcèlement quotidien subi par sa fille en a probablement été la raison principale. Ces gens la traitent de sorcière et d'empoisonneuse ? Ils vont être servis !

4 octobre 1998

Un peu plus de deux mois après le drame du curry empoisonné, Masumi et Kenji sont arrêtés et placés en garde à vue. La police, après avoir recoupé l'affaire avec celle de l'empoisonnement des conduites d'eau, a perquisitionné le domicile des Hayashi et y a trouvé du cyanure et de l'arsenic. Kenji est habitué aux arrestations, passe encore, mais pour Masumi Hayashi, c'est une première. Le stress la ronge, elle pense à ses enfants. Heureusement, Kenji se veut rassurant…

– 心配しないで。大丈夫。

(Ne t'inquiète pas, tout ira bien.)

LE JUGEMENT

俺もやられてんだ！何年も何年も！

(Elle m'a empoisonné aussi ! Pendant des années !)

Masumi n'aurait jamais dû faire confiance aux belles paroles de son mari. Devant la cour, Kenji trahit sa femme et l'accuse de l'avoir empoisonné pendant des années pour toucher l'argent de l'assurance. C'est un choc pour Masumi. L'homme qu'elle aime vient de lui planter un poignard dans le dos. La belle maison, la vie de rêve, l'argent qui coule à flots ne sont plus qu'un lointain souvenir. Kenji devient un paria aux yeux de la société japonaise, et la famille Hayashi éclate. Les enfants sont plus que jamais ostracisés à l'école. Quant à Masumi, elle se retrouve seule accusée du quadruple meurtre et de tentative d'assassinat et d'empoisonnement au festival d'été. Elle reste silencieuse pendant toute la durée du procès, et malgré la plaidoirie de ses avocats elle est condamnée à mort en 2002. Tous les efforts pour obtenir un nouveau procès sont restés vains ; aujourd'hui encore, Masumi Hayashi attend son heure dans le couloir de la mort.

Le sort s'acharne aussi sur le reste de la famille Hayashi. En 2000, la maison familiale est mystérieusement brûlée, sans causer de victime, heureusement. Après cela, chacun tente de refaire sa vie de son côté, et d'oublier le terrible drame auquel son nom est associé. Hélas, le 9 juin 2021, une des filles de Masumi Hayashi est retrouvée matraquée à mort, le même jour, sa fille aînée, Mari, saute d'un pont, emportant avec elle sa fille de quatre ans. Le harcèlement et les répercussions de cette affaire sont terribles et auront pesé lourd sur la vie de personnes innocentes, victimes collatérales des crimes et délits commis par leurs proches.

Masahiko Takahashi, le « Jack l'Éventreur » japonais

Juillet 1968, Tokyo

Masahiko Takahashi vient de sortir de son travail. Depuis plusieurs minutes, il est planté devant un bar à hôtesses. Il hésite : « Est-ce que je replonge, ou non ? » Il avait pourtant réussi à arrêter… Et puis, il n'arrive jamais rien de bon lorsqu'il fréquente ce genre d'endroit. Mais Masahiko se décide finalement à entrer. L'établissement est propre mais semble vétuste, et ce genre de détail plaît à notre homme. Il est accueilli par une des filles, qui le met à l'aise et très vite lui chuchote :

– 上に上がる ?

(On monte ?)

Masahiko, un peu gêné, acquiesce, mais le stress et le souvenir de toutes les fois précédentes lui reviennent. Et si l'histoire se répétait ? Non, non ! Il ne faut pas qu'il y pense, sinon ça va se reproduire... La fille lui prend la main et le guide jusqu'à l'étage. À chaque marche, Masahiko sent que l'inévitable va se produire, il a beau tenter de chasser ces pensées de son esprit, rien n'y fait. Lorsqu'ils arrivent dans la chambre, la fille s'allonge sur le lit et commence à enlever sensuellement son haut. On sent qu'elle a l'habitude, elle est douée. Masahiko se déshabille également, mais il n'a pas la même aisance que sa partenaire d'un soir. Après quelques préliminaires, au moment de passer à l'acte, Masahiko n'y arrive pas. La fille est gênée, elle se permet alors une petite réflexion de rien du tout… pas même méprisante.

Alors, le regard de Masahiko change. Il sort un couteau de son sac posé à côté du lit et, d'un mouvement souple, le plante dans l'abdomen de la fille, qui hurle de douleur. Mince ! Masahiko a oublié de couvrir sa bouche. La patronne du lieu, la « mama », alertée par les cris, se rue à l'étage, mais à peine est-elle entrée que Masahiko la bouscule, dévale les marches quatre à quatre et s'enfuit…

LES FAITS

La prostitution au Japon est plus commune que ce qu'on pourrait imaginer. De nos jours, elle est techniquement illégale, mais dans la pratique, elle est plus que tolérée. Ainsi, il n'est pas rare que les salarymen – les employés de bureau japonais – se rendent dans des bars à hôtesses pour se divertir après le travail. Des services permettent également aux

clients de rencontrer des femmes directement dans des *love hotels*. Le plus surprenant, c'est le nombre de personnes qui gravitent autour de ce milieu, souvent supervisé par la mafia locale ou les yakuzas. Ils fournissent des logements et une protection indispensable. Dans les années 1960, le Japon a connu son propre Jack l'Éventreur, il s'appelait Takahashi Masahiko.

En 1945, Masahiko, qui n'a que cinq ans, grandit dans un milieu qui n'est pas propice à une enfance épanouie. Sa mère, une ancienne prostituée, et son père, qui « supervise » les affaires de sa femme, tiennent une maison close. Cette année-là, le père est arrêté par les forces d'occupation américaines pour différents trafics.

– きく、ママ見た ？

(Kiku, tu as vu ma maman ?)

– 見てない。ちょっとごめん、今お客さんと一緒にいる。

(Non, je ne l'ai pas vue. Pardon, je suis avec un client.)

Lorsque sa mère est absente, ce sont les filles de la maison close qui gardent Masahiko. Elles sont très gentilles avec lui, mais les rares moments de jeu sont souvent interrompus par l'arrivée d'un client. Tous les jours, Masahiko est témoin de scènes qu'un enfant ne devrait pas voir.

À la libération de son père, à la fin de l'année 1947, Masahiko, sept ans, espère passer plus de temps avec lui, mais celui-ci replonge dans ses trafics et, comble du malheur, sa mère tombe gravement malade. Ni l'un ni l'autre n'ont de temps à lui accorder. Masahiko est seul et il s'ennuie. En outre, l'environnement néfaste de la maison close l'empêche de se faire des amis à l'école.

À dix ans, Masahiko réalise que les adultes n'ont que faire de lui. Sa mère le délaisse, son père l'ignore, et même les filles de joie ne lui accordent plus vraiment d'attention. Et puis, il semble qu'il développe un rapport de plus en plus étrange à la sexualité et aux femmes. Nul doute que le fait d'avoir assisté à de nombreux rapports sexuels durant sa jeunesse a dû laisser des séquelles chez Masahiko. Dans le même temps, il commence à tuer des petits animaux. Ça l'amuse, et il en tire même un certain plaisir. Il ne faudra pas attendre longtemps pour que les animaux ne soient plus ses seules victimes…

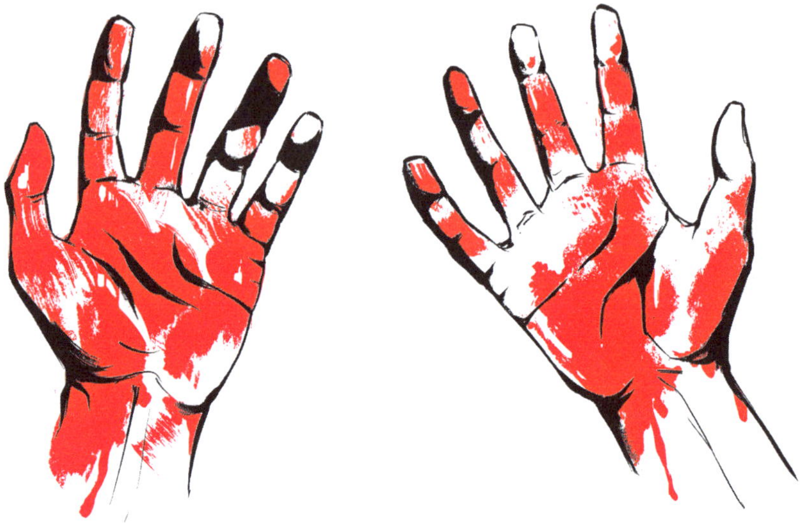

Masahiko est à genoux sur le sol. Il regarde ses mains, elles sont ensanglantées ! Il se trouve dans les toilettes des filles et, alors qu'il s'apprête à se relever, il réalise que quelqu'un est allongé sous lui. Une jeune fille de son âge, les yeux et la bouche grands ouverts, avec un énorme couteau planté au milieu de la poitrine. Les images lui reviennent peu à peu. C'était un acte prémédité. Le matin, il avait apporté ce grand couteau à l'école, sachant très bien sur qui il allait s'en servir. Cette garce l'avait bien cherché, avait-il même pensé. Elle n'arrêtait pas de se moquer de lui… Si le harcèlement scolaire est encore une réalité dans le Japon actuel, c'était encore pire dans les années 1950. Masahiko, d'un caractère solitaire, était le bouc émissaire idéal pour ses camarades. Ne pouvant se confier à quiconque, et certainement pas à ses parents, il a fini par prendre le taureau par les cornes en exerçant sa vengeance. À quatorze ans, Masahiko vient donc de commettre son premier meurtre. Chose inquiétante : il ne ressent aucune culpabilité. Pire encore : il a même éprouvé du plaisir à tuer cette jeune fille…

Masahiko s'essuie et se débarrasse des preuves. Lorsque le corps de la collégienne est retrouvé dans les toilettes quelques dizaines de minutes plus tard, les rumeurs et la panique se répandent dans l'établissement. Les élèves sont sous le choc. Pour le directeur, la priorité est de sauver les apparences. Si l'on apprend qu'une élève s'est fait tuer dans son établissement, ce sera la faillite pour l'école. Il décide donc d'étouffer l'affaire et déclare qu'il ne s'agit que d'un malheureux accident. Masahiko est soulagé, il n'a plus grand-chose à craindre. Qui irait chercher le coupable d'un « malheureux accident » ? Depuis lors, Masahiko se repasse la scène en boucle dans sa tête, chaque fois avec la même jouissance. Seulement, plus le temps passe, plus les souvenirs s'atténuent et plus l'intensité du plaisir diminue. C'est comme une drogue, et il lui faut bientôt une nouvelle dose.

***

Les ambulances foncent dans les rues. Un incident vient d'avoir lieu au cinéma de la ville. La victime, une fillette de dix ans, aurait reçu des coups de couteau dans les toilettes. Lorsque les secours arrivent, il est trop tard, mais la petite est parvenue dans ses derniers instants à prononcer ces mots :

– 青いシャツの男の子！

(C'est le garçon au pull bleu !)

Sa mère est en larmes. Elle n'a rien pu faire pour empêcher cette tragédie. Elle a simplement laissé sa fille aller aux toilettes pendant la séance de cinéma et, ne la voyant pas revenir, elle est allée voir si tout allait bien. C'est comme ça qu'elle a découvert son enfant au sol, égorgée, gisant dans son sang. La police recueille les témoignages du personnel et des clients, mais personne ne semble avoir vu ce fameux garçon au pull bleu. La couleur du pull en soit n'a que peu d'intérêt, mais on connaît désormais le sexe et l'âge approximatif du tueur... Il y a bien un garçon qui pourrait correspondre à la description. C'est un gamin qui traîne dans le quartier en faisant la manche. Naturellement, tous les soupçons se tournent vers lui. Le jeune garçon est donc arrêté et envoyé dans un centre psychiatrique. Affaire classée. Mais vous, vous connaissez le véritable tueur. Une nouvelle fois, Masahiko n'a pas choisi sa victime au hasard. C'était la fille d'une des prostituées de la maison close de ses parents. Cette enfant de dix ans avait l'audace de jouir de l'attention de la mère de Masahiko. Lui qui a tant souffert du manque de considération de ses parents ne pouvait pas le supporter.

Masahiko a utilisé le même mode opératoire que la première fois mais, pour intensifier son plaisir, il n'a pas tué sa victime sur-le-champ. Il a mis sa main sur la bouche de la fillette pour l'empêcher de crier, tout en la menaçant avec son couteau. La petite a eu beau se débattre, que pouvait-elle faire contre un adolescent de quatorze ans ? Ensuite, conscient qu'il ne devait pas abuser des bonnes choses, Masahiko lui a tranché la gorge à plusieurs reprises avant de s'enfuir. Cela fait donc deux meurtres similaires. La police pourrait-elle faire le lien ? Masahiko songe qu'il va devoir faire profil bas pendant un temps.

En 1957, à l'âge de dix-sept ans, Masahiko apprend qu'il a été adopté. C'est le coup de grâce. Cette révélation ne fait qu'allonger la liste des adultes qui l'ont abandonné. Sa mère biologique a donné Masahiko contre un peu d'argent en 1940. L'adolescent tente alors de la retrouver. En vain... Mais plus il cherche des informations sur sa mère, plus ses idées sombres remontent à la surface. Cela fait maintenant trois ans que Masahiko n'a pas tué, qu'il parvient à se contrôler...

– 緒に遊ぶ ?

(On joue ensemble ?)

C'est Kumiko, la petite fille d'une autre prostituée, qui vient de s'adresser à lui. Tout comme lui quand il était jeune, elle se retrouve à attendre sa mère. Masahiko accepte, mais ses pensées obscures ressurgissent. Cette petite fille a le profil type de ses victimes. Il crève d'envie de passer à l'acte, mais il sait qu'il sera ensuite très facile de remonter jusqu'à lui…

Quelques heures plus tard, Masahiko est dans un train pour Tokyo. Il est parti sans dire au revoir à quiconque, juste après avoir tué Kumiko. Cette fois-ci, il n'a même pas eu besoin d'utiliser une arme, il l'a simplement étranglée. Tout comme les deux premières fois, il a ressenti un plaisir intense en voyant la fillette se débattre puis s'immobiliser lorsque la vie l'a quittée. Le voici maintenant en cavale, mais elle sera de courte durée. Masahiko va devoir passer par la case prison.

LE PREMIER JUGEMENT

Masahiko Takahashi étant mineur, il échappe à la peine de mort qui sans cela aurait été prononcée sans une once d'hésitation. Il écope d'une peine de quinze ans de prison ferme. Il s'en tire bien : il n'a été jugé que pour son dernier meurtre et pas pour les deux précédents. Il accepte donc la décision sans broncher. Désormais, il veut se débarrasser de ces pulsions qui le poussent à tuer.

Au Japon, les prisonniers sont soumis à une discipline militaire : réveil à 6 heures, interdiction de parler sans autorisation, même durant les repas, rationnement et travail forcé. Tout est fait pour que les détenus aient conscience qu'ils ont une dette à rembourser à la société. Masahiko

se tient à carreau et ne ménage pas ses efforts au travail. Sa bonne conduite est remarquée par le personnel pénitentiaire, qui le transfère dans une prison pour mineurs où les conditions sont bien meilleures.

Masahiko passe neuf ans derrière les barreaux. Lorsqu'il sort, nous sommes en 1966 et il a vingt-six ans. C'est un nouveau départ pour lui. Il apprend que sa mère va mieux, et il tente de renouer des liens avec elle. Une bonne nouvelle n'arrivant jamais seule, il fait la rencontre d'une femme, Akiko, dont il tombe éperdument amoureux. Elle est hôtesse dans un bar, ensemble, ils filent le parfait amour… à un détail près : Masahiko est impuissant. Enfin, disons qu'il sait quand et comment il peut atteindre l'orgasme, mais il préfère garder tout cela pour lui.

2 août 1967

Difficile de décrire ce que ressent Masahiko tandis qu'il se dirige vers une maison close. Ces lieux lui rappellent son enfance, certes difficile, mais son enfance quand même. Ce soir, il va tenter de prendre du plaisir avec une prostituée. Manque de chance, toutes les filles sont déjà avec d'autres clients. La mama qui gère l'établissement lui propose de repasser un autre jour, ou un peu plus tard. Mais Masahiko se sent quelque peu vexé d'être venu pour rien. Il ne veut pas rentrer chez lui comme ça, alors il ne se démonte pas et dit à la tenancière qu'il voit pourtant quelqu'un de disponible juste sous ses yeux.

La mama éclate de rire. Elle n'exerce plus depuis longtemps. Mais Masahiko insiste, il va même jusqu'à commencer à se déshabiller. La mama s'aperçoit alors qu'il n'arrive pas à être excité, et elle se moque de lui avec du mépris dans la voix. Une colère noire envahit le jeune homme, qui saisit un couteau dans son sac, met la main sur la bouche de la vieille femme pour l'empêcher d'appeler à l'aide et crie :

– キスしろ !

(Embrasse-moi !)

La mama a beau être sous la menace d'une arme blanche, elle refuse. Exaspéré, Masahiko lui plante à plusieurs reprises le couteau dans le corps. Et tout à coup, l'excitation monte. Oui ! Ça y est, là, il se sent puissant ! Il tente alors de pénétrer la vieille femme inerte, mais en vain. Masahiko, déçu, nettoie son arme, se lave les mains et ressort calmement de la maison close.

Il n'est pas parvenu à ses fins, mais peut-être trouvera-t-il son bonheur avec quelqu'un d'autre ? Pourquoi pas avec cette jeune hôtesse du nom d'Akane qu'il rencontre quelque temps plus tard ? Avec elle, c'est différent. Il a enfin trouvé quelqu'un avec qui parler de ses problèmes d'érection. Surtout, Akane ne le juge pas, elle le comprend. Elle essaye même de l'aider. Masahiko est en confiance, il se sent bien avec elle. Jusqu'au jour où…

– そう、雅彦さんはちょっと問題があるのよ。
(Oui, Masahiko a des problèmes d'érection. Rire.)

Akane vient de le trahir. Masahiko l'a entendue confier son secret à d'autres clients. Elle aussi s'est moquée de lui. Elle aussi l'a humilié, comme la mama. Elle finira donc comme elle…

31 décembre 1967

Masahiko sort d'un *love hotel* juste avant le nouvel an. Il s'est vengé, ou plutôt il s'est déchaîné. Il a donné 97 coups de couteau à Akane. Dans la chambre d'hôtel, c'est un véritable massacre. Le corps de la jeune femme a été démembré. Des morceaux sont éparpillés un peu partout dans la pièce et, très vite, contrairement au meurtre de la mama, Masahiko est suspecté. Il nie les faits, arguant qu'il se trouvait chez son père ce soir-là. Ce dernier confirme ses dires, lavant son fils adoptif de tout soupçon.

Les mois passent jusqu'au fameux mois de juillet 1968, où Masahiko va commettre son dernier crime. À nouveau, il aura suffi d'une réflexion pour réveiller sa folie meurtrière, mais cette fois les choses ne vont pas se dérouler comme il l'avait prévu. Tandis qu'il s'enfuit, la mama se lance à ses trousses et alerte les passants.

– 殺し屋だ！捕まえろ！

(C'est un meurtrier ! Attrapez-le !)

Un groupe de jeunes pourchasse Masahiko. Le fuyard prend des risques, il slalome entre les voitures, mais ses poursuivants n'abandonnent pas, ils le talonnent désormais et Masahiko commence à manquer de souffle. Son seul avantage, c'est qu'il connaît bien le quartier. Mais quelques rues plus loin, alors qu'il pensait les avoir semés, une lourde masse le plaque au sol. « Ça y est, c'est la fin », pense-t-il. La police ne tarde pas à arriver et l'embarque au commissariat. L'interrogatoire commence… Masahiko, dépité, se dit qu'il est peut-être temps d'arrêter. Il ne veut plus mentir.

– 俺がやったんだ。東京で三人、それと俺が十四歳だった時　女の子二人。全部俺で _す。

(C'est moi qui l'ai tuée. Les trois meurtres à Tokyo et deux petites filles quand j'avais quatorze ans, c'est moi.)

En entendant ces phrases, l'officier est sidéré. Comment un tueur en série tel que lui a pu s'en tirer aussi longtemps ? L'heure est venue pour la justice de statuer sur son sort…

Le second jugement

– 私を殺して下さい。
(Condamnez-moi à mort, s'il vous plaît.)

Voici ce que Masahiko demande au juge. Son avocat tente bien de plaider la démence, mais c'est peine perdue. Les mots du meurtrier ont sonné juste, la cour comprend que le mal de Masahiko est incurable, et qu'il en a pleinement conscience. Masahiko est donc condamné à la peine capitale. Le 11 août 1972, trois ans après son dernier meurtre, le Jack l'Éventreur japonais est exécuté par pendaison.

Chikako Ishikawa, la professeure disparue

Un trentenaire essoufflé, les bras chargés de sacs, enfonce la porte de chez lui et déboule dans son salon. Sa respiration est haletante comme s'il fuyait quelque chose ou quelqu'un. Il regarde à la hâte à droite, à gauche, pour voir si sa femme est à la maison… Personne en vue, il s'avance. La pièce est jonchée de tatamis, et l'odeur caractéristique de ces derniers est un peu forte, comme s'ils avaient été bougés récemment. Il retourne sur ses pas, ferme la porte de sa maison, tire les rideaux et allume la lumière. C'est bon, il est à l'abri des regards indiscrets. Il reprend son souffle avant de déballer ses achats : des livres sur les sciences occultes et l'hypnose, mais également des solutions liquides douteuses et un pendule. Le parfait attirail du petit hypnotiseur…

« 私が何日も探していた答えがこの本の中にある。»

(La réponse que je cherche depuis des jours se trouve dans ces livres.)

Pendant de longues heures, il épluche frénétiquement les différents ouvrages. Entre deux pages, il essuie les perles de sueur qui ne cessent de se former sur son front. Enfin, il finit par trouver ce qu'il recherche : l'amnésie, la perte de souvenirs. Il prend le pendule d'une main et fixe l'objet avec attention. Ses paupières sont lourdes et ses yeux peinent de plus en plus à suivre les mouvements de va-et-vient. Quelques minutes plus tard, il s'écroule au milieu de son salon, entouré de ses livres.

LES FAITS

Au bout de combien de temps un crime doit-il être prescrit ? En France, vingt ans. Cela signifie que l'auteur d'un crime ne peut pas être condamné par la justice si celui-ci remonte à plus de vingt ans. Au Japon, ce délai était de quinze ans, mais la loi a été modifiée et la prescription est désormais abolie dans certains cas bien précis. C'est une affaire en particulier, celle que je m'apprête à vous raconter, qui a poussé le gouvernement à modifier le code pénal.

L'histoire se déroule dans une école. Beaucoup de choses, dans le système scolaire japonais, diffèrent de chez nous. Le rôle du professeur, par exemple, n'est pas exactement le même qu'en France : jusqu'en primaire, ce dernier vit avec ses élèves : il mange avec eux, participe aux activités extrascolaires… Il s'occupe d'eux bien au-delà du simple enseignement académique, ce qui occasionne de nombreuses heures supplémentaires. Le corps enseignant forme une petite société au sein de l'école et, comme dans tout milieu, il arrive que des tensions se créent…

15 août 1978

– ああ面倒だな！どうしよう？

(Rhââ, c'est embêtant ! Comment va-t-on s'organiser ?)

Nous nous trouvons dans la salle des professeurs de l'école Nakagawa, dans l'arrondissement d'Adachi, à Tokyo. Un léger brouhaha s'en élève, qui attire l'attention du directeur, M. Shiro. Une des enseignantes est absente aujourd'hui, or c'est elle qui est de garde ce soir, et comme personne ne semble disponible pour la remplacer, chacun renvoie la patate chaude à son voisin. C'est à ce moment que M. Shiro intervient : a-t-on des nouvelles de l'enseignante en question ? Est-elle malade ? Le silence se fait dans la pièce : personne n'a pris le temps de s'en inquiéter... Agacé, le directeur décide d'appeler lui-même la famille. Cela vous semble peut-être exagéré, mais Chikako Ishikawa, l'enseignante, est connue pour son sérieux et n'a jamais manqué un seul jour depuis son arrivée dans l'établissement. La jeune Japonaise, âgée de vingt-neuf ans, vient d'ailleurs de terminer sa formation. Au Japon, après l'obtention de la licence, il faut valider quelques années de pratique pour être considéré comme un enseignant senior.

Alors qu'il saisit son téléphone, le directeur se rappelle que c'est l'Obon, une fête traditionnelle annuelle durant laquelle on célèbre la mémoire de ses ancêtres. Mlle Ishikawa ayant perdu son père il y a quelques mois, elle est peut-être rentrée en urgence auprès de sa famille à Hokkaido. Le directeur hésite un instant… C'est sûrement de cela qu'il s'agit, mais il veut en avoir le cœur net et finit par composer le numéro. C'est la mère d'Ishikawa qui décroche, et non, sa fille n'est pas ici... Le directeur raccroche. Il a un mauvais pressentiment. Où peut bien être Chikako Ishikawa ? Le directeur rassemble alors les enseignants pour tenter de grappiller quelques informations. Tous se rappellent l'avoir vue la veille au matin en salle des professeurs, puis à midi durant la pause, mais rien ensuite…

– 昨日、私見ました。

(Moi, je l'ai vue hier soir.)

Une voix grave s'est élevée, celle de l'agent de sécurité, M. Watanabe. Les professeurs autour de lui s'écartent. Le directeur le presse de questions : quand l'a-t-il vue pour la dernière fois ? Où précisément ? Était-elle avec quelqu'un ? Watanabe fait signe au directeur de se calmer : il l'a seulement croisée dans un couloir avant qu'elle rentre chez elle. Il n'a malheureusement pas plus d'informations. La confusion règne et l'inquiétude commence à gagner les uns et les autres. L'agent de sécurité propose alors au directeur d'avertir la police…

Les jours passent, sans nouvelles de l'enseignante. Personne ne semble l'avoir vue depuis le soir du 14 août. L'officier de police Ito s'empare de l'affaire, mais il ne dispose que de peu d'éléments. Il commence par mettre la famille de Chikako Ishikawa, sa mère et ses deux frères, Ishijima et Kenzo, au courant.

– どうゆうことだ !

(Comment c'est possible ? Putain !)

Kenzo est furieux. Où a bien pu passer sa sœur ? L'inquiétude le ronge, alors il tente de reporter la faute sur la police. Ont-ils seulement fouillé l'appartement de Chikako ?! Pas pour le moment, mais Ito tente de calmer le jeu et assure qu'ils vont tout mettre en œuvre pour retrouver la jeune femme.

19 août 1978

Deux policiers pénètrent dans l'appartement de Chikako. Ils ont facilement forcé la serrure et n'ont pas eu besoin d'enfoncer la porte. À l'intérieur, il fait noir. Ils appellent la jeune femme à haute voix, mais personne ne répond. En allumant l'interrupteur, ils découvrent un appartement bien rangé, sans traces de lutte. Rien qui pourrait faire avancer l'enquête. Quoique… L'officier Ito a peut-être une piste et il va faire part de son hypothèse à la famille Ishikawa, qui a emménagé temporairement à Tokyo le temps de l'enquête. Il leur donne donc rendez-vous à l'appartement. La mère arrive et manque de fondre en larmes sur le pas de la porte. Elle est immédiatement soutenue par les deux frères, dont la colère est retombée mais dont le regard trahit l'inquiétude. Le policier récapitule pour eux tous les éléments de l'enquête avant d'en venir à son hypothèse…

– 誘拐だったらどうですか ?

(Et si c'était un enlèvement ?)

Une autre enseignante japonaise, Yaeko Taguchi, a été kidnappée par la Corée du Nord quelques semaines plus tôt. En entendant ces mots, la mère craque. Les deux frères ne sont pas surpris, c'est un scénario qu'ils avaient envisagé. Le désarroi se lit sur leurs visages. Si Chikako Ishikawa a été enlevée par le gouvernement nord-coréen, alors il n'y a plus d'espoir. Leur seule consolation, c'est que, peut-être, la jeune femme est toujours en vie, loin d'eux… Plusieurs années durant, ils militent contre les enlèvements de la Corée du Nord afin qu'une même tragédie ne s'abatte pas sur d'autres familles. Pour eux, tout espoir de revoir Chikako s'est envolé.

17 septembre 2002

Ce jour-là, lors de la visite du Premier ministre japonais Junichirō Koizumi en Corée du Nord, KimJong-il admet l'implication de son pays dans ces affaires d'enlèvement. Treize personnes au total auraient été kidnappées, dont cinq seraient décédées. En apprenant la nouvelle, la mère de Chikako appelle immédiatement ses fils. Grâce aux relations nouées durant ses années de militantisme, la famille parvient à entrer en contact avec une personne qui, au téléphone, déroule la liste des survivants. Le suspense est insoutenable. À chaque nouveau nom, la mère prie pour entendre celui de sa fille, mais il ne vient pas. C'est un déchirement, mais pire encore… Alors qu'elle s'apprête à raccrocher, la mère entend :

– 待って下さい！石川ちか子は死んだ人のリストにも載っていません。

(Attendez ! Chikako Ishikawa ne figure pas non plus sur la liste des personnes décédées...)

L'information fait l'effet d'une bombe dans la famille. Cela signifie donc que, depuis le début, l'hypothèse du kidnapping était fausse ! Chikako Ishikawa n'a jamais été enlevée. Mais où peut-elle bien être alors ? Est-elle encore vivante ? Le mystère, que l'on pensait résolu, s'épaissit et la famille Ishikawa se retrouve à nouveau dans une impasse. C'est alors que l'affaire, qui semblait classée, va se résoudre d'une manière improbable…

21 août 2004

Un homme d'une soixantaine d'années aux cheveux grisonnants marche dans les rues de l'arrondissement d'Adachi. Il est mal habillé, la mine défaite. On sent à le regarder qu'il n'a pas dû beaucoup dormir ces dernières nuits. Sa démarche est lente, presque solennelle. On pourrait penser qu'il erre dans la ville sans but précis et pourtant, arrivé devant un *kōban*, un petit commissariat japonais, il s'arrête, inspire un grand coup et pousse la porte du bâtiment. Un policier l'accueille et l'interroge sur la raison de sa venue. L'homme s'assoit et répond qu'il veut faire une déposition sur la disparition, vingt-six ans plus tôt, de Chikako Ishikawa…

– 新たな情報があります。

(J'ai des informations supplémentaires.)

Le policier étant trop jeune pour avoir entendu parler de cette affaire, il consulte ses dossiers et trouve rapidement celui correspondant ainsi que le nom de la personne responsable : l'inspecteur M. Ito. Celui-ci est convoqué en urgence. Après toutes ces années, il n'a pas oublié cette affaire restée irrésolue. S'il a la moindre chance d'apporter enfin une réponse à la famille, il la saisira. À peine arrivé, il demande au mystérieux vieil homme quel nouvel élément il souhaite apporter à l'enquête.

– 私が殺しました。
(C'est moi qui l'ai tuée.)

L'inspecteur, qui était sur le point de s'asseoir, arrête net son mouvement. Il relève doucement les yeux vers son interlocuteur et tente de garder son calme. L'homme, lui, n'a pas sourcillé en prononçant ces mots. Aucun regret, aucun plaisir, aucune émotion. Ito s'assoit enfin et fixe du regard son interlocuteur. Il commence par la plus logique des questions :

– 誰ですか？

(Qui êtes-vous ?)

– もと学校の警備員　渡辺です。

(Je suis M. Watanabe, l'agent de sécurité de l'école au moment des faits.)

Ito n'aura pas besoin de lui tirer les vers du nez. L'ancien agent de sécurité se montre plutôt bavard et lui révèle ce qui s'est réellement passé la nuit du 14 août 1978. À l'époque, Watanabe n'est pas une personne facile à vivre. Il abuse régulièrement de sa position au sein de l'école pour se quereller avec des professeurs. Ce soir-là, comme à son habitude, il se promène dans l'établissement quand il tombe au détour d'un couloir sur Chikako Ishikawa, qui le bouscule sans le faire exprès. Sans crier gare, Watanabe se met à rouer la jeune femme de coups, jusqu'à la mort... Oui, pour une simple bousculade, Chikako a perdu la vie.

Face au corps inerte de l'enseignante, Watanabe ne sait plus quoi penser. Il est pris de vertiges et réalise ce qu'il vient de faire. S'il est découvert, il risque la peine capitale. La panique s'empare de lui, il doit cacher le corps au plus vite. Il l'enveloppe alors dans une couverture et l'attache avec une corde pour le tirer jusqu'au coffre de sa voiture. Le lendemain, le 15, il déplace le cadavre dans l'espace aménagé sous le plancher de sa chambre, comme il en existe dans les maisons japonaises. Pour ne pas attirer l'attention de sa femme, il fait installer là un *kotatsu*, une table basse qui fait office de chauffage. Le crime parfait, tout du moins en apparence…

Très vite, la culpabilité ronge Watanabe. Il lui arrive même par moments de voir le fantôme de Chikako. À chaque fois qu'il croise un policier, il a l'impression qu'on va l'arrêter. Sa santé mentale se dégrade de jour en jour. C'est alors qu'il se met en tête de s'autohypnotiser pour oublier ce qu'il vient de faire et apaiser sa conscience. Ainsi, après plusieurs tentatives, il parvient à effacer de sa mémoire toute trace du crime…

Tout au long du récit, l'inspecteur est resté silencieux. Pourtant, une question le taraude. Pourquoi Watanabe a-t-il décidé d'avouer, vingt-six ans après les faits ? La raison est simple. Quelque temps auparavant, le vieil homme a appris que sa maison devait être démolie pour faire place à un projet immobilier d'envergure. Il n'avait pas envie de déménager, mais il n'avait pas non plus réellement le choix… Et puis, progressivement, un curieux sentiment s'est emparé de lui : il ne voulait plus quitter sa maison, sans trop savoir pourquoi, jusqu'à ce qu'un jour, en s'asseyant dans son salon, tout lui revienne… Chikako Ishikawa était enterrée sous sa table basse.

Voilà pourquoi il ne voulait pas quitter son domicile. Il savait au fond de lui qu'il était impossible que les ouvriers passent à côté du corps lors des travaux. Watanabe a lutté du mieux qu'il a pu contre les entreprises immobilières pour ne pas avoir à déménager. Malheureusement, lui et sa femme ont dû quitter les lieux. Dès lors, l'angoisse ne l'a plus quitté jusqu'à ce qu'il prenne la décision de se livrer à la police. Son raisonnement était simple : le délai de prescription étant largement dépassé, il serait sûrement relaxé.

Logiquement, l'inspecteur Ito décide de mettre Watanabe en garde à vue et de prévenir la famille Ishikawa. C'est un nouveau choc pour les frères de la jeune fille et leur mère. Rendez-vous compte : cela fait maintenant vingt-six ans que Chikako a disparu, et ils avaient perdu tout espoir de découvrir un jour ce qui lui était arrivé. Aussi la violence de l'annonce laisse place au soulagement, qui ne sera que de courte durée : en raison du délai de prescription au Japon, l'assassin de Chikako risque de ne pas être condamné ! Un sentiment de dégoût et d'injustice envahit la famille Ishikawa. « Ce n'est pas possible ! répète la mère, il doit bien y avoir un moyen ! Cet homme ne peut pas s'en tirer à si bon compte ! » Kenzo et Ishijima se jurent d'aller jusqu'au bout de cette affaire.

– どうやって裁くのですか ?

(Comment faire condamner l'assassin ?)

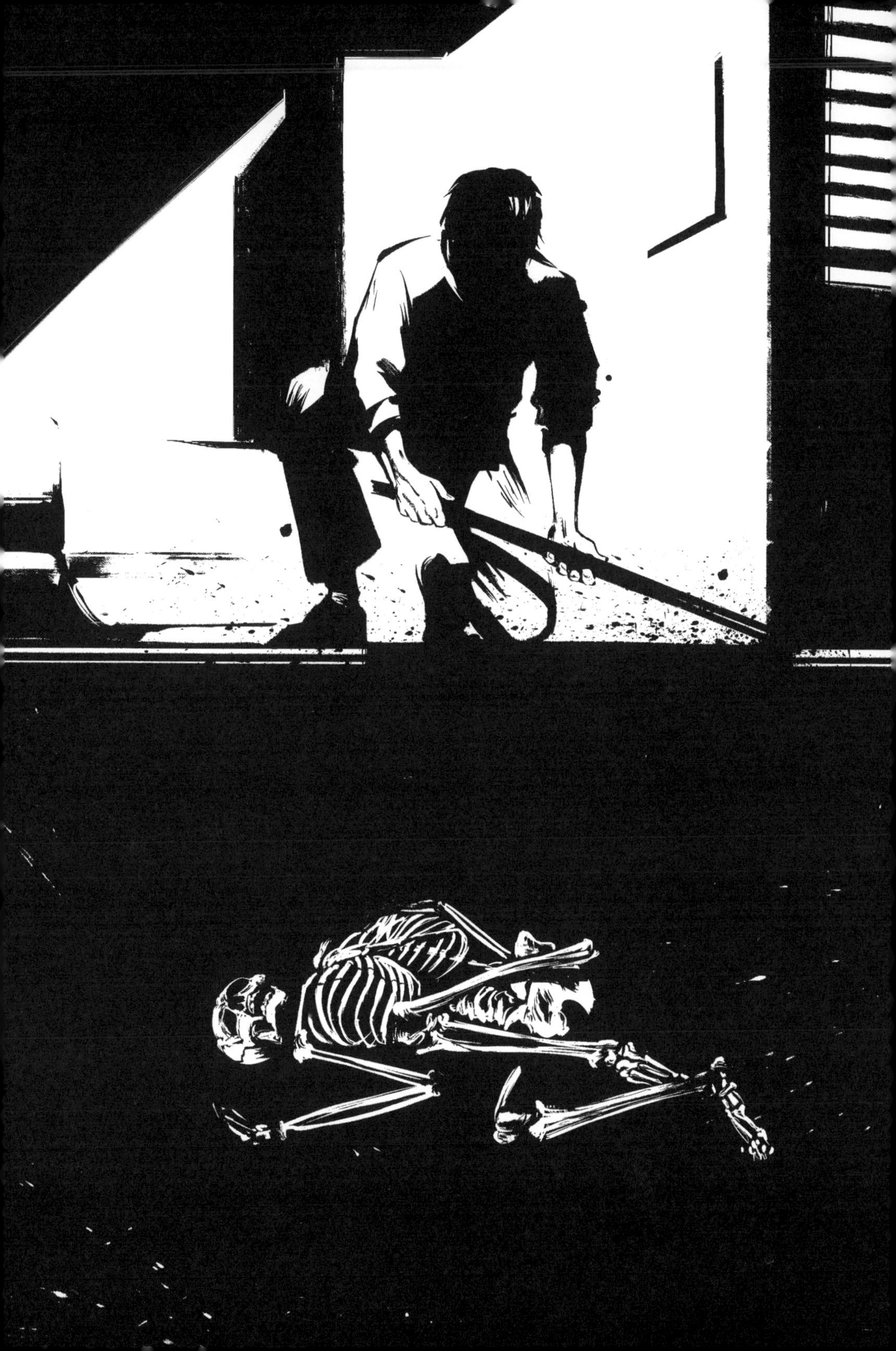

JUGEMENT
25 avril 1996

Devant les juges, Watanabe raconte qu'il était harcelé par Chikako. Elle aurait glissé des somnifères dans ses bentōs et lui aurait même jeté du gaz empoisonné à la figure… À qui veut-il faire croire ça ? La probabilité qu'il invente des mensonges pour s'en sortir est élevée, mais son témoignage est le seul disponible, et le fait qu'il soit de lui-même venu se livrer à la police plaide en sa faveur. De toute façon, le crime ayant eu lieu il y a plus de quinze ans, Watanabe ne peut être condamné. La famille Ishikawa va donc le poursuivre pour « dissimulation de corps ». Les juges entendent la frustration de la famille, qui quelques heures plus tard s'apprêtent à rendre leur verdict.

Watanabe est condamné à verser 42,55 millions de yens de dédommagement à la famille Ishikawa, soit l'équivalent de 400 000 euros, ce qui semble bien léger aux yeux des proches de la victime. L'ancien agent aura même l'audace de faire appel de la décision, estimant que la peine est trop lourde, mais sa demande sera rejetée. Il n'aura pas émis le moindre regret concernant ses actes, estimant qu'il s'agissait de légitime défense… Une vaste blague !

Pour la famille Ishikawa, ce n'est pas qu'une histoire de vengeance. Ils ne souhaitent à personne de vivre la même situation. Rappelons que si Watanabe avait été découvert dans les quinze ans qui ont suivi son crime, il aurait écopé à coup sûr de la peine de mort ! Les proches de Chikako vont donc se battre après le procès pour qu'aucune famille n'ait plus subir ce qu'ils ont vécu. C'est ainsi qu'en avril 2010, au prix d'une lutte juridique, administrative et politique acharnée, ils obtiennent qu'une loi soit votée, supprimant la prescription pour les crimes ayant entraîné la mort. Depuis cette date, la justice au Japon doit s'appliquer, et ce même des dizaines d'années après les faits.

Direction éditoriale
Olivier Moreira

Direction artistique et conception
Mathieu Thauvin

Fabrication
Christian Toanen
Nikola Savic

Achevé d'imprimer en Espagne par Graficas Estellas
LAF 3334
Dépôt légal : 02-23
ISBN : 978-2-7499-5247-5